結婚してお坊さんになりました

釈 純蓮
Shaku Junren

本願寺出版社

もくじ ―― 結婚して お坊さんになりました

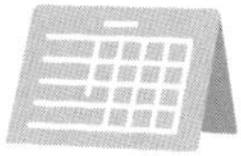

1

寿退社

「そうか…お寺の人と結婚するのか……」

上司はあっけにとられているようでした。東京丸の内にあるオフィスビルの一室で、当時の上司と私の間に気まずい空気が漂います。

「しかも、お寺が広島となると、結婚後も勤め続けるわけにはいかないよね……」

社員が転職する場合、通常なら会社は引き留めるのでしょうが、お寺というあまりに畑違いの分野のうえ結婚話ですから、阻《はば》むわけにもいかないといったところでしょうか。

「何はともあれ、おめでとう、だよね」

ニッコリ笑って上司はそう言い、私はその優しさに「ありがとうございます」と言ったのか「すみません」と言ったのか、今となっては思い出せないけれど、言い訳の言葉も見つからず、ただ恐縮するばかりでした。

それから退社までの二カ月間は、お世話になった方々へのご挨拶、送別会、残務整理であっという間に過ぎていきました。

会社の同僚も友人も一様に驚いていましたが、男性と女性で反応は微妙に異なりました。男性は、少なからず仏教に興味があるようで、私が仏門に入ることに「いいなぁ」とちょっとうらやましそうな表情を見せます。「仏と菩薩《ぼさつ》はどう違うか知っているか」などと、うんちくを傾ける人もいて、仕事のかたわら仏教書を読んでいることがうかがえます。女性はというと、「なんで?」という不可解な表情と「よく決断したねぇ」という驚きの表情が入り混じります。八年間のキャリアもＭＢＡ（経営学修士）の資格もまったく通用しそうにない異業種への転職であり、しかもどうやら「お寺の奥さんって大変そう」というイメージがあるようで、女性の反応は複雑でした。

こうして私は、八年間あたたかく見守り育ててくれた東京の会社を結婚退職し、広島のお寺に入ることになりました。

当時私が知っていることといえば、大学以来十年近くおつきあいしてきた夫の人となりと、結婚前に一度だけ訪れた、なぜかその日だけゆったりと時間が流れていた広島のお寺の空気、夫の両親の穏やかで優しい表情、それから「浄土真宗は親鸞聖人《しんらんしょうにん》が念仏一つで救われると説いた教え」という中学生レベルの知識だけでした。

お経《きょう》も知らない、教義も知らない、坊守《ぼうもり》※という言葉すら知らない状態で、結婚と同時に坊守、そしてお坊さんになることになったのです。

考えてみると、結婚や転職は、まったく異なる環境に飛び込むという点で、誰にとっても大きなリスクを伴うものです。その人生の転機に不安や恐れを感じるのは当然のことです。けれども、いったん新しい世界に飛び込んでみると、かつて感じていた不安や恐れが無用のものであったとわかるのです。

むしろ、思いも寄らない出遇《であ》いとよろこびが待っている、人生とは、そういうものかもしれません。

坊守…住職と協働し、寺院の持続的な発展に努める者。住職の配偶者であることが多い。

2

お坊さんの学校

東京の会社を入社八年目にして寿退社した私は、その足で京都の専門学校に入学することになっていました。

実家の取り次ぎのお寺は浄土真宗ではなく禅宗で、しかも祖父の代からサラリーマンという家庭で育った私は、南無阿弥陀仏《なもあみだぶつ》と称《とな》えたこともありません。そんな私を心配した夫とその家族が、京都にある仏教の専門学校で一年間学ぶことを勧めてくれたのでした。私は私で、広島に引っ越す前に、風情《ふぜい》ある京都の街で独身生活をもう一年謳歌《おうか》できるという提案がすっかり気に入り、二つ返事で承諾したのでした。

こうして私は東京から広島行きの新幹線を途中下車し、京都の山ノ内にある中央仏教《ちゅうおうぶっきょう》学院《がくいん》で学び始めました。中央仏教学院は、浄土真宗の僧侶を養成する専門学校です。ここでは読経・作法・布教法から、浄土真宗を中心とした仏教全般の教義・歴史まで広く学ぶことができます。当時三十歳を過ぎていた私は、すでに小学校からビジネススクールまで、さまざまな学校を卒業していました。けれども、お坊さんの卵を育てるこの小さな学校こそ、私の生き方を大きく変え育ててくれた、愛すべき学校となるのです。

学校生活は、入学式当日から、驚きの連続でした。朝、登校すると生徒は講堂に勢揃いして勤行《ごんぎょう》が始まります。

「合掌《がっしょう》！」

「礼拝《らいはい》」

「なまんだ～ぶ　なまんだ～ぶ……」

ふーん、ここまでは余裕だな……。そして次の瞬間、私はカルチャーショックを受けることになるのです。重誓偈《じゅうせいげ》だったのか、讃仏偈《さんぶつげ》だったのか、老若男女が一斉に大音量でとなえ始めたのです。ジャージのお兄ちゃんも、たて巻きロールのお姉ちゃんも、白髪まじりのおじいちゃんも、みんな声をそろえて大合唱なのです。

「えっ？　なんで習っていないのにとなえられるの？」

思えば、生徒のほとんどは浄土真宗のお寺の子弟なのです。小さい頃からご飯を食べるようにお経をあげてきた彼らが、となえられるのは当然なのです。けれども、十代、二十代の若者がほとんどの中、かなり年配の私が入学式から「自分だけがまったくできない」という状況に驚いたわけです。後で聞くと、できなかったのは私だけでなく、結婚と同時に入寺する人のほとんどは、私と同様「初めて」のことばかりだったようです。

入学式で院長先生が話されます。

「普通の学校は、入学した時より賢《かしこ》くなって卒業します。この学校は、愚《おろ》かになる学校です。みなさん、愚かになって卒業されるのですよ」

ここで言う「愚か」とは成績が悪いことではありません。アミダさまのお慈悲に出遇い、自己中心的なものの見方しかできない自分の姿を知らされ、その私がアミダさまに救われていくことに、「お恥ずかしい」「ありがたい」という思いが生まれることなのです。

入学式の私は、まったくその深い意味を理解することもなく、ただ「卒業するまでもなく愚かだな……」と、自分のあまりの初心者ぶりに内心苦笑するばかりでした。

3

学校の不思議

お寺に入ることが決まり、三十過ぎてお坊さんの学校（中央仏教学院）に入学した私ですが、学校生活は非常に興味深いものでした。そこはまさしく、『ハリー・ポッター』の魔法学校のごとく、不思議に満ちた場所でした。

生徒は十～二十代が一番多く、三十代以降がちらほら、上は六十～七十代まで幅広い年代が机を並べて学びます。国籍も日本だけでなく、ネパールやルーマニアからも浄土真宗の教えを学びたいという生徒が入学していました。

高校や大学を卒業後すぐに入学した人もいれば、社会人経験を経て学びに来た人もいます。そのほとんどは、真宗寺院の息子さん、娘さんです。定年を迎え、改めて浄土真宗の教えを学びたいと入学したご門徒さんもいました。私のように在家からお寺に嫁入り・婿入りする人もいました。

私を含め、生徒の一番の目的は、浄土真宗の理論と実践を広く学ぶことです。しかし、お寺の跡取りである息子さん、娘さんにとっては、将来の結婚相手を見つける出会いの場でもあったようです。そしてどうやら、「お寺を継ぎたくない!」という子どもをもった親ごさんにとって、この学校は最後の頼みの綱でもあるらしいのです。

サラリーマンの家庭に育ち、「人はどんな職業についてもよい」と勝手に思い込んでいた私は想像するしかないのですが、お寺の跡取りとして生まれた人にとって、職業選択の問題は必ず一度はつきあたる壁です。お寺に生まれ育ち、家族やご門徒さんに住職を継ぐことを期待されて思春期を迎え、友人が進路を考える時期になると、「なぜ自分だけお寺を継がなければならないのか」と、葛藤を抱えます。中には親に反発し、お寺を拒絶する人もいます。家族会議が開かれ、「俺は継がない!」と言い放つ……。そんな子どもを持った親ごさんが、「どうかお寺を継いでほしい」「継がなくても、せめて仏法をよろこぶ身となってほしい」と願い、入学手続きをします。

嫌がる子どもを「とにかく一カ月でも一週間でも学んでほしい」と、なんとか説得して入学させます。ところが、子どもはなぜか一週間たっても一カ月たっても帰ってこない。気がつけば一年が経ち、卒業し、お寺に帰ってきて、「とーちゃん、俺、坊さんになる！」――大体こんな運びのようです。

お坊さんになることを強制されるわけでもなく、優しく誘導されるわけでもありません。けれども、入学後一年もたつと、いつのまにかお坊さんの卵が出来上がっているのです。まことに不思議な学校なのです。

「学仏大悲心《がくぶつだいひしん》（仏の大悲心を学ぶ）」。講堂の正面に掲げられた額の言葉を思い出します。怒り、反発、疑い、悲しみ、そうした感情を持った私たちをそのまま包みこみ、必ず救うと誓ったアミダさまのお慈悲に出遇ったとき、私たちは自らの人生を受け入れ仏道を歩みたいと思うのかもしれません。

4　食事の時間

浄土真宗の僧侶は、男性も女性も、剃髪《ていはつ》は義務づけられていません。ですから、お坊さんの学校といえども、生徒の見た目はいたって普通です。茶髪もいれば長髪もいます。お化粧もします。巻き髪もいれば、つけまつ毛もいます。学校では布袍《ふほう》という黒い法衣《ほうえ》を上から羽織りますが、その下は自由でした。ジャージもいれば、Tシャツもいます。お坊さんといえば、「墨染《すみぞ》めの衣《ころも》にツルツルの頭」を想像していた私は、少々肩すかしをくらった感じです。

けれども、毎日学校で机を並べて学んでいると、彼らがタダモノではないことがだんだんわかってきます。

普通の若者ですから、当然つっぱったりグレたりします。けれども、どんなに不良っぽくふるまっても、彼らはご飯を前にすると、ちゃんと両手を合わせて、「いただきます」と言うのです。

年頃の女の子は当然、美容やダイエットが気になります。そんな彼女たちは、「最近太っちゃった。やせなきゃ」と言いながら、どんなにお弁当の量が多くても、ご飯一粒残すことなく完食してしまうのです。

会社勤めをしていた頃の私は、パソコンの画面にかじりつきながら急いでサンドイッチをほおばるような日々を送っていました。最後に「いただきます」と言ったり聞いたりしたのは、一体いつのことだったでしょう。忙しかったり食欲がなかったら、食事を残すことにも抵抗がなくなっていました。

彼らが合掌するのも、完食するのも、幼少期からの躾《しつけ》と習慣のたまものであり、おそらく無意識の行動なのでしょう。けれども、その無意識の向こうに、「命の大切さを伝えたい」という親ごさんの思いと、彼らを育《はぐく》んできたもっと大きな存在を感じずにはいられませんでした。命に感謝するその姿はたいへん美しく、まばゆいほどでした。

食事の時間で、もう一つ印象に残っていることがあります。めいめい好きなグループでお弁当を食べるのですが、彼らは一人で食事をしている人がいると「○○さん、一緒に食べない?」と誘います。相手が断ればそれ以上は強要せず、相手が同意すればこころよく受け入れます。こうした彼らの行為は、「個人主義」と「自己責任」の名のもとに、すっかり他人に無関心になっていた私の目には、とても新鮮に映りました。

小学生の頃、転校を繰り返していた私は、転校後に間もなくやってくる遠足が憂鬱《ゆううつ》でたまりませんでした。なぜなら、お弁当のとき一人になってしまうかもしれないからです。

「一緒に食べない?」

中央仏教学院でこう声をかけられた私は、面《おも》はゆいような照れくさいような、でも長年の不安が取り除かれた安堵《あんど》感を覚えたのでした。

と同時に、ずっと〝幸せになるため〟に勉強と仕事ばかりしてきた私が、ようやく何か大切なものを置き忘れていたことに気がついた瞬間でもありました。

5

おつとめの時間

お坊さんの学校の一日は、朝のおつとめから始まります。おつとめの当番班は、法衣を着用して、全校生徒の前で読経をしたり、ご法話をしたりします。しかし、どんな集団でもそうですが、必ず遅れてきたり、来なかったりする人がいるものです。

私がかつて卒業したビジネススクールでも、やはりチームの話し合いに無断で欠席したり、課題を提出しなかったりと、チームの和を乱す人がいました。みんなは彼を責め、悪口を言い、彼をチームから外すよう学校に訴えました。

しかし、お坊さんの学校では、どうも様子が違いました。遅れたり来なかったりする人が、チームメイトや先生から責められることはありませんでした。チームメイトは互いに相談して遅刻欠席の常習犯を説得し、モーニングコールをしたり迎えに行ったりして、なんとか全員が当番にそろうように協力するのです。

彼らのこのような態度は、日常生活でも一貫していました。私が記憶する限り、誰かの悪口というものを聞いたことがありません。私がいつもの癖《くせ》で誰かを批判しても、普通なら「そうそう！」と話にのってもらえるのに、素通りされているというか、誰もまともに相手をしてくれません。

当時の私はといえば、「人間は多少毒があるくらいのほうが、裏がなくて信頼できる」と勝手に思っていたので、こうした彼らの行動は私の目には奇妙に映り、理解できませんでした。そこで私は、「この人たちはきっと偽善者の集団なのだ」と思うことにしました。けれども、ひと月たちふた月たち、半年たっても、彼らのメッキがはがれることはありませんでした。

「えっ？　もしかして純金なの？」と、ここに来て私はようやく気がつきます。

同時に私は、自分がなんだかとてもリラックスして体調がよいことに思い当たります。なぜなのか考えてみると、悪口を言っても誰もとりあってくれないので、いつのまにか私自身も人の悪口を言わなくなっていました。自分も言わないし、周りでも聞かないと、誰も自分のことを悪く言っていないと思えるようになります。結果、私も自分自身を護《まも》るために悪口を言わなくていい、という良い循環が生まれていました。

みんなから仲間外れにされていない、される心配がない、ということがこんなにも人をリラックスさせ元気にするものなのだということを、私は初めて知ったのです。

どのような集団にも必ず、ちょっと変わった人や和を乱す人がいます。誰しも人の好き嫌いがあります。けれども、そのちょっと変わった人、和を乱す人、嫌いな人を、責めたり仲間外れにしたりする必要はないのです。その人ができないことは助け、できることを尊重し、互いに敬い補い合う、それが結果として一人一人の心を安らかにします。

そんな、互いが調和する世界、いじめのない世界が実現可能なのだと、そのとき私は初めて知ったのでした。

6　心に残る言葉

お坊さん学校での授業は、おつとめや作法、ご法話から仏教の教義・歴史まで多岐にわたります。いずれも、生徒が卒業したらすぐに僧侶として活動できるよう考慮された実践的な内容でした。私にとっては、それまで受けてきたどんな教育とも異なっていて、大変興味深いものでした。

私は一年間で、一生の宝物となる多くの言葉に出遇いました。中でも、雷に打たれたような衝撃を受けた言葉があります。

念仏者《ねんぶつしゃ》は無碍《むげ》の一道《いちどう》なり

（『註釈版聖典』八三六頁）

これは、『歎異抄《たんにしょう》』という書物に出てくる言葉です。先生は次のようにお話しされました。

「『礙』には、『さわり、さまたげ』という意味があります。つまり、『念仏者は、何ものにもさまたげられない、ただひとすじの道を歩むものである』という意味です。念仏者の前では、神さまも敬ってひれ伏し、悪魔もその歩みをさまたげることはありません。また、どのような罪悪もその報《むく》いをもたらすことはできず、どのような善も本願の念仏には及ばないのです」

この時点で私の頭の中に展開していたのは、「念仏」とおでこに書いた赤いつなぎのスーパーヒーローが、悪者や怪獣を次々に倒していく映像です。テレビの中では、ときどきスーパーヒーローが敵に捕らえられたり、やられたりしますが、この「念仏レンジャー」は最強で絶対に負けないのです。

先生は、続けます。

「この世の中は、良いことをすれば楽が得られ（善因楽果《ぜんいんらっか》）、悪いことをすれば苦が待っている（悪因苦果《あくいんくか》）とされますが、念仏者は、そうした『因果《いんが》の法則』を超えたところに生きるのです」

えっ？　「因果の法則」という言葉は聞いたことがあります。お釈迦さまが説いた教えです。私の浅薄《せんぱく》な知識では、「お釈迦さまが説かれた教え」＝「因果の法則」であり、これこそ、The《ザ》仏教だと思っていました。しかし、念仏者は、その「因果の法則」を超えるというのです。『歎異抄』というのは、実にすごいことがさらりと書いてある書物です。

私がそれまで作り上げてきた世界観は大きく揺さぶられました。それはまるで、自分が生まれた村しか知らない人間が、一瞬のうちに宇宙空間まで視点を一気に引き上げられたような感覚です。まさしくカルチャーショックでした。

本願を信じて念仏する人は、「因果の法則」を超える。これはひとえに、衆生《しゅじょう》の苦悩に寄り添い、必ず救うと誓われたアミダさまの本願力によるのです。その功徳《くどく》が、念仏となって衆生に至《いた》りとどいたとき、はるか昔からつくり続けてきた衆生の罪と障《さわ》りがすべて消滅してしまうのです。つまり、「他力の因果」が、「自力の因果」を超越するというのです。

その後学校を卒業し、広島で多くの念仏者に出会いました。誰も赤いつなぎは着ていませんでした。おでこに「念仏」と書いて必殺技を決める人もいませんでした。ほとんどが穏やかで優しい方でした。

「何ものにもさまたげられない」と言っても、病気や死や、その他不幸と言われる出来事を避けられるわけではありません。念仏者もやはり、年をとり、足腰が痛くなったり、病気になったり、大切な家族を失うという経験をします。人生において、ときに大きな悲しみや苦しみを経験します。しかし念仏者は、その出来事をきっかけとして、仏さまの教えに出遇われます。先だった方を、身をもって自分を仏道に導き入れた先生と仰いでいかれます。そして、いのち終えて必ずお浄土に生まれさせていただく身をよろこぶようになるのです。悲しみを悲しみのままに終わらせない。苦しみを苦しみのままに終わらせない。悲しみや苦しみも、そして、よろこびや楽しみも、人生のすべてが、我が身を仏にするためのアミダさまの尊いお手立てと受け取っていかれます。

『歎異抄』の言葉に初めて触れたときは、そうしたことをまったく知りもせず、とにかく「かっこいい！」と思ったことを覚えています。この「かっこいい」が、「ありがたい」に変わるのは、もっとずっと後のことになります。

7 テスト

お坊さんの学校でも、定期テストというものがあります。それまでの人生で数々のテストを経験してきた私には、自分がテスト慣れしているという多少の自負がありました。いつものようにそれなりの対策をしてテストに臨み、答案用紙には隅から隅まで回答し、自信満々で提出しました。ところが返ってくる成績は、ことごとく予想をはるかに下回っていたのです。

どうやら、お坊さんのテストは、一筋縄ではいかないようです。私なりにテスト結果を分析すると、記号選択の問題はかなりの正答率です。しかし記述問題となると、ガクッと点数が下がります。どんなに歴史的事実や表面的な教養内容を覚えても、当時の私には決定的に欠けているものがありました。実は、「お聴聞」をほとんどしたことがなかったのです。仏さまのお話を聞いたことがなければ、当然アミダさまのお慈悲を「ありがたい」と思う心も、自らを「恥ずかしい」と思う心もゼロです。そんな私が何かを答案用紙に書いても、それはエゴの表れでしかなかったはずです。書けば書くほど、点数が下がるわけです（笑）。

浄土真宗のお坊さんに求められるものを考えてみると、暗記力でないことは確かです。仏さまの救いをどのように受けとめ、味わっているかが大切なのです。

そういえば、お坊さん学校らしい、一風変わったテストがありました。「布教《ふきょう》」の筆記テストでした。先生が言いました。

「これからテストをします。すべての問題に答え終わっても、教室の外には出ないでください。すべて答え終わったら、となりのまだ終わっていない人に、答えを教えてあげてください。となりの人が終わったら、他のまだ終わっていない人に、教えてあげてください。一人残らず答え終わり、みんなが百点満点になるまで、教室の外に出ないでください」

私は耳を疑いました。こんなテストは、聞いたことがありません。みんなが答えを教え合ったら、そもそもテストをする意味がありません。頑張って勉強した人が損するではないですか。みんなが百点を取ったら、成績表をつけられなくて困るのは先生です。全然納得がいかない私は、自分が問題を解き終えると、さっさと教室を出てしまいました。

あれから十年。今、私はお経が終わると、ご門徒さんのほうに向いてお話をします。

「アミダさまが法蔵菩薩《ほうぞうぼさつ》という修行者だったとき、どんな仏さまも見放すような落ちこぼれをも、『絶対に見捨てることができない。一人残さず救い取る』と誓われました。ですから、アミダさまが建てられたお浄土という世界は、一人も落ちこぼれることなく救われていく世界です。そして、すべてのいのちが互いに助け合い、敬い合う世界なのです」

お坊さん学校でのテストは、他人と競争し「自分さえ良ければ」と考える私に、アミダさまの世界について示してくださっていました。

8　結婚式

中央仏教学院に在学中の夏休みに、夫のお寺がある広島で結婚式を挙げることになっていました。とはいえ八月はお盆で、お寺はてんてこまいです。お寺の人も会社勤めの人も来ていただけるのはここしかない、ということで、お盆明けの日曜日に挙式することに決まりました。

人生初の仏前結婚式です。しかも、新婦は私です。新郎はお袈裟《けさ》を身につけ、私は白《しろ》無垢《むく》を着て、お坊さんに囲まれて、アミダさまの前で結婚を誓います。

おつとめの後、二人でお焼香をし、お念珠の交換をします。真夏の太陽が照りつける猛暑の中、お寺の本堂で、もう汗やら涙やらよくわからないものをたくさん流して、仏前結婚式は無事に終了しました。

その後、ホテルに移動して披露宴。あわただしくカツラと打掛《うちかけ》をかぶせられ、「新郎新婦入場」の声の後、どうにかこうにか高砂席に座ると、そこには衝撃的な光景が広がっていました。会場の三分の二が真っ黒なのです。参列者の大半を占めるお坊さんの衣が黒なので、当然といえば当然なのですが……。

それにしても、いつも驚くのはお坊さんのスピーチです。友人の結婚式では、お坊さんがこんな祝辞を述べていました。

「人間の愛は、『渇愛《かつあい》』といって煩悩の一つです。人間の愛は永遠ではありません。いつかは冷めるものです。だから私たちは、『愛』ではなく『縁』を大切にしなければなりません……」

お坊さんにとっては当たり前のことでも、一般的な結婚披露宴に慣れている者にとっては衝撃的です。「別れる」「切れる」といった結婚式では「タブー」とされる言葉がぽんぽん飛び出します。「祝辞」と「弔辞」を間違える方もいます。

私の結婚式での極めつけは、最後の新郎スピーチでした。

「この世に生まれた者は、必ず年を取り、病気になって死んでいかねばなりません。私たち二人も例外ではありません。やがて年を取り、病を得て、この世の命を終えていきます。けれどもそれは決して虚《むな》しい人生ではありません。この世の命を終えても、また会える世界がある、お浄土に生まれて仏とならせていただく。そういう人生です。ここにこうして集まってくださったみなさまとも、また、必ずお会いすることができます……」

アミダさまの光に照らされて生きるものは、「別れる」「切れる」「愛が冷める」ことも怖くない。「病」や「死」すら、恐れる必要はないのです。どのようなタブーからも自由なのです。なぜなら、この世の命を終えても、仏となり必ずまたお浄土で会うことができるからです。

挙式以来、私は結婚式でお坊さんのスピーチを聞くことを、とても楽しみにしています。

9 得度

これまでさんざん、お坊さん学校の様子を紹介してきたものの、実は、私はまだお坊さんではありませんでした。学校で、お経をとなえたり、お袈裟を身に着けたりしても、それは全部お坊さんの予行演習に過ぎなかったのです。本当のお坊さんになるには、「得度習礼《とくどしゅらい》」※1という十一日間の厳しい合宿研修と、最終日前日の「得度式《とくどしき》」※2を受けなければなりません。

というわけで、お坊さん学校の夏休みに広島で結婚式を挙げた私は、そのまま京都の西山別院《にしやま》の門をくぐり、習礼所《しゅらいしょ》で研修生活に入りました。

朝五時半起床→掃除→朝のおつとめ→朝食→講義→昼食→講義→夕方のおつとめ→夕食→夜のおつとめ→おつとめの練習→就寝。ひたすら、これが繰り返されます。

テレビなし。携帯電話なし。化粧なし。おやつなし。楽しみは、ご飯だけ。分刻みのスケジュールの合間に、習礼所の窓から外を歩く人を見ながら、ここから出たらドーナツが食べたいな。チョコレートをかけたのにしようか、いや、ストロベリー味がいいな。不謹慎にもそんなことを考えながら、とうとう得度式を迎えることになりました。

得度式は、本願寺の御影堂《ごえいどう》で行われます。戸を閉め切り、蝋燭《ろうそく》の灯りだけの薄暗がりの中、ご門主が一人一人の頭にお剃刀《かみそり》を三度当ててくださいます。厳《おごそ》かな雰囲気の中、私もお剃刀を当てていただきました。

思えば、思春期を迎えたあたりから、何となくお坊さんというものに憧れていました。仏教のことは何も知らないながらも、お坊さんとは本当の安らぎの世界を知っている人だ、と思っていました。だから、結婚と同時に夫から得度を勧められたときも、すんなり受け入れることができました。

ただ得度さえすれば何かが変わるのではないか、そんな勘違いもありました。紫の雲がたなびき、天人が舞い降りる、とまではいかないまでも、どこからともなく声が聞こえ、感動にむせび泣き、煩悩が消えてなくなるのではないか、と期待していたように思います。

……でも、何も起こりませんでした。得度を受けた後も、相変わらずドーナツのことで頭がいっぱいの私でした。

非僧非俗《ひそうひぞく》。親鸞聖人は自らのことを「僧侶でもなく、俗人でもない」と、おっしゃいました。結婚し俗世の生活を送りながらも、世俗の価値に迷うことなく生きていく、という親鸞聖人の強い決意を感じます。

しかし、得度をした私は、「非僧非俗」どころか「俗」の塊《かたまり》がお袈裟を身に着けている以外の何物でもありませんでした。

まさに、私にとっての得度とは、得度をした後も俗世の真っただ中、以前と何一つ変わらない煩悩あふれる私が仏さまのよび声を聞いていく、その始まりの儀式だったのです。

1得度習礼…僧侶の要件についての確認と向上を図るとともに、得度式に関する事項についての習礼。
2得度式……師弟同信の意《こころ》をあらわし、宗門の僧侶としての誓約を結ぶ儀式。

10　卒業

季節はめぐり、一年間お世話になった中央仏教学院をいよいよ卒業することになりました。入学式では同級生が「習わぬ経をよむこと」に驚いていた私も、僧侶として活動していくのに必要な知識をひと通り身につけることができました。とはいえ、実践経験ゼロのペーパー僧侶です。

「みなさん、これから現場で経験を積んで、どうか立派な僧侶になってください」

卒業式の日、先生から励ましの言葉をいただき、同級生との別れを惜しんでいました。お寺の長男である若い青年が、「僕はお寺に帰って、お坊さんになります」と笑顔で言うのを聞きながら、「一年前は、親に反発し、お寺を嫌がっていた彼が立派になったなぁ」と、感慨にひたっていました。

すると同級生の一人が、「純蓮さん、変わりましたよね～」と、しみじみ言うではありませんか。「えっ、私が？」どうやら一年間で劇的に変わったのは、私の方だったようです。

入学前、私はコンサルタントとして八年間働いていました。当時の私は、顧客や同僚の前で一所懸命、虚勢を張って生きていました。知識があり、威厳があり、適切な解決策を提供できる人間として振る舞わなければと必死でした。そして多くのコンサルタントの例にもれず、「効率的」「論理的」「改善」といった言葉が大好きでした。

退職して学生になっても、働いていたときの性分は抜けきらず、見るもの聞くものすべてに問題点を指摘したがる挑戦的、反抗的な生徒だったと思います。普通なら煙《けむ》たがられるはずの私を、先生や同級生はあたたかく見守ってくれていました。

「純蓮さん、レポート作るの上手ですね。キーボード打つの早いですね」と、人なつっこい笑顔を向けながらあっけらかんと言う同級生を前に、なぜそんなに丸腰でいられるのか、不思議でたまりませんでした。

この学校では、能力があるか、仕事が早いか、着眼点が独創的か、といった基準はあまり意味をもたないようでした。そのかわり、「ありがたい」という言葉をひんぱんに耳にしました。この「ありがたい」という言葉は、私の人生に初めて登場した言葉でした。自分と他人を比較して、思いあがったり落ち込んだり、虚しい日々を送ってきた私です。そんな私を「引き受けた、そのまま来いよ」と呼んでくださるアミダさまのお救いをよろこぶ言葉が「ありがたい」なのです。

人は、ときに自分を守るために、知識を身につけたり資格を取ったりします。そうやって、自分でも気づかないうちに、重たい鎧《よろい》を身にまとっているのかもしれません。

私にとって中央仏教学院での一年間は、アミダさまの光に照らされて、自分の鎧が次第に溶かされていく、「ありがたい」日々でした。そんな中で、私の言動や表情も徐々に柔和になっていったのかもしれません。

11 新生活

お寺の跡取りである夫との結婚を機に、仏教の勉強をし、得度・教師※の資格を得た私は、晴れて広島のお寺で新生活をスタートしました。それは新婚というより、さながら新人研修のような、ちょっと変わった共働き生活でした。

毎日、朝食を済ませると、二人とも黒い衣とお袈裟を身につけ、方々《ほうぼう》にお参りに出かけます。私が住んでいる地域では月参《つきまい》りという風習があり、亡くなった方の月命日《つきめいにち》に僧侶が訪れお経をあげるのです。ですから、僧侶は毎日各家庭にお参りに出かけます。私も「お坊さんになったのだからお参りしなきゃ」と、せっせとお参りしておりました。

そんな毎日を送っていると、ご門徒さんの間でなぜか美談ができあがっていました。「まあまあ、はるばる東京の方から広島のお寺にお嫁に来て、お参りまでして……」ということのようです。

本人は、新しい職場で新しいユニフォームを身につけ、意気揚々とお仕事を開始したつもりでいました。しかも、このお仕事はたいへん快適でした。フカフカの座布団に座らせていただき、お茶やお菓子で接待してくださるのです。

黒い衣を着て町を歩くと、道行く人が深々とお辞儀をし、道をたずねると現地まで案内してくださいます。普段より二割増しで大切にされるのです。こんなことなら、世の中の人はみんなお坊さんになって黒い衣を身につければ、日本は実に平和になるだろうと思われるほどです。

調子にのってお参りをしていた私ですが、お参りに行く先々でどうも様子が変なのです。

私はいちおうお坊さんの格好をしているのですが、お経は下手だし、ご法話もかなり怪しいものでした。私を新入社員とすると、何十年とお参りしているご門徒さんは、いうなれば会長レベルの念仏者です。新入社員が高い席に座り、会長にご接待を受けているのです。立場がアベコベなのです。

ご門徒さんは会長レベルといっても、威圧感などみじんも感じさせません。どこまでも、穏やかで優しい雰囲気を漂わせています。その様子は、私に「薫習《くんじゅう》」という言葉を思い起こさせます。お香《こう》が衣服に移り込むように、経験がしっとりと人格の中に浸透していくことを表した言葉です。

親から子へ代々仏さまの教えが受け継がれ、ご自身も何十年とみ教えを聞き、お念仏されてきたからでしょう。香りが衣服に染み込むように、いつのまにかみ教えが体に染み込み、その方の個性はそのままに、その方にまとわりついて離れない香気《こうき》のようなものを感じさせるのです。

そしてその尊い香りを聞くと、私は思わず頭《こうべ》を垂れずにはおれないのでした。

教師…僧侶の本分をつくし、一般僧侶の範となり得る者に授与される。確かな作法に基づく法要儀式を執行し、門信徒及び有縁の人々に伝わる布教伝道に努めるとともに、寺院の護持運営に協力しなければならない。

12 エミコさん

私が、広島でお坊さん生活を始めた頃、エミコさんという方のお宅に毎月お参りに行っていました。お連れ合いの方はすでに亡くなられ、エミコさんは九十歳を過ぎて、一人で一軒家に住んでいました。エミコさんはお花が大好きな方でしたが、もう手入れができず、庭は荒れ放題です。重いものが運べないので、家の中にはモノがあふれています。それでも、毎日のお仏壇の前でのおつとめはかかしません。

初めて私がお参りに行った日、道に迷って遅れてしまいました。エミコさんは家の前に出て、私の到着を待っていてくれました。車から降りた私を、「まあまあ、無事に着かれて」とエミコさんは笑顔で出迎えてくれました。

私がお仏壇の前でおつとめを始めると、エミコさんも一緒にお経をよみます。お参りが終わると、エミコさんは仏間を出て、だいぶ長いことたってから、お盆にお茶をのせて運んできました。手は震え足もおぼつかないので、お盆の上の湯のみがガタガタ揺れ、お茶がこぼれます。私がお盆を受け取ると、エミコさんはゆっくりと腰をおろし、笑顔でこう話してくれました。

「毎晩、明日は目が覚めんのんじゃないかと思いながら床につくのですが、なぜか朝になるとちゃーんと目が覚めるんです。するとその日一日、うれしいことが起きます。昨日は、近所のお友だちがたずねてきてくれました。今日は、お庭にお花が咲いてくれました。おかげさまで楽しく暮らさせてもらっています。ありがたいことです。なまんだぶ なまんだぶ」

私は、エミコさんの口からなぜそのような言葉が出るのか、不思議でした。

「足腰が痛い。思うように動けない。お庭の手入れができない。掃除ができない。東京に行った子どもが帰ってこない。一人暮らしは心細く、将来が不安だ……」

そんな言葉を私は不遜《ふそん》にもどこかで期待していたのかもしれません。でも、エミコさんの口から出てきたのは、意外にも感謝と満足の言葉でした。

私はそれまで、良い仕事に就き、キャリアを積み、収入を得て、家族がいて、おいしいものが食べられ、旅行に行けることが幸せなのだ、と単純に思っていました。そして、そうした生活を追い求めてきました。しかし実際は、どこまでいっても心が満足することはなく、体も消耗するばかり。おかしい、こんなはずではなかったと、ずっともがいていました。

周りを見渡しても、どの人もそれほど幸せそうには見えませんでした。会社の社長さんも、お金持ちも、絶世の美女も、どこか寂しそうだったり、疲れているようだったり、悩みはつきないようでした。

けれども、そのときのエミコさんの表情は、私がそれまで会ったどんな人よりも、幸せで満たされているように見えました。私は、帰りの車を運転しながら、なぜかあとからあとから涙があふれてくるのをとめることができませんでした。

それからほどなくして、エミコさんは東京の子どもさんのもとに移って行かれました。もうエミコさんのお宅にお参りすることはありませんが、私が本当の豊かさについて考えるとき、必ずあのときのエミコさんの笑顔と言葉が一番に浮かんでくるのです。

13

あみぐるみ

我が家の玄関には、親指大の「あみぐるみ」が二つチョコンと置いてあります。あみぐるみというのは、毛糸を編んで作られたお人形です。このあみぐるみは、ミサヨさんという方が作ってくれたものです。

手先が器用なミサヨさんは、よくあみぐるみを作って、お世話になった方にさしあげていました。我が家にも、うさぎやくまなど二十個以上のミサヨさん作のあみぐるみがあります。近所の病院やパン屋さんなど、ミサヨさんの生活圏内には至るところにこのあみぐるみが置いてあり、目にするたびにホッコリした気持ちにしてくれます。

「今まで病気一つしたことがなかった」というミサヨさんも、九十歳を過ぎた頃に転倒して骨折してしまいました。全身を打ったので、病院でＭＲＩ検査をしたそうです。しばらくして私が月参りにうかがったとき、ミサヨさんが言いました。

「あのＭＲＩっていうのは怖いですね～。あーんなせまっこい部屋に入って、ガンガンガンガン外から殴《なぐ》られているような音がするんですから。あんまり怖いから、ＭＲＩのあいだ中、お正信偈をおつとめしておりました～」

「お正信偈を普通の速さでとなえれば三十分ぐらいだから、ＭＲＩ検査にはちょうどいいかもしれませんね。でも、ミサヨさんは全部覚えているからいいけど、途中で忘れちゃったら切ないですね～」

などと会話をしていました。

骨折してからミサヨさんは、車いすでの生活となりました。

「生きることは大変ですね。足が痛むので歩くこともままならなくなりました。腕はこれより上にはあがりません。でも、手先だけはなぜか動くのです。だから、私にできることをさせていただきます」

とミサヨさんは言って、せっせとあみぐるみを作っていました。

その後、ミサヨさんは施設に入り、ベッドに寝たきりの生活となりました。今、ミサヨさんはあみぐるみを作ることはありません。けれどもベッドの上で手を合わせ「なま

んだぶ　なまんだぶ」と称えています。

あみぐるみの前を通るたびに、私はかつてのミサヨさんの言葉を思い出します。

「連れ合いが亡くなってから、お仏壇の前でお経をあげるようになりました。最初は連れ合いの命日に、それから親戚や先祖の命日、親鸞聖人や蓮如上人《れんにょしょうにん》、法然聖人《ほうねんしょうにん》の命日とどんどん増えていって、今では毎日のようにお経をあげています。そりゃもう忙しいんですよ。はじめのうちは、連れ合いや亡くなった人のためにあげていました。けれども途中で気がついたのです。このお経は、他の誰のためでもなく、この私のためのものだったんですね」

お経には、仏さまから、私たち一人一人へのメッセージが込められています。そこには「助けるぞ」と、繰り返し繰り返し、いろいろな表現で書かれています。ミサヨさんは、仏さまから「ミサヨを助けるぞ」のメッセージをしっかりと受け取られていたのです。

14 よび声を聞く

「どうぞ、前の席にお座りください。そのほうがよく聞こえますから」

夫が前方の席を指し示して、一人の高齢の女性に言いました。まもなくご法座が開かれるというそのとき、お寺の本堂はかなり埋まっていて、前の席がちらほらと空いているだけでした。若い住職に前方の席を勧められたことを察したその女性は、顔の前で手を大きく振りました。

「わしゃええんです。どうせ聞こえちゃいませんから。それより、座布団を二枚もらえますか」

その女性は、本堂の一番後ろの隅に座布団を一枚敷き、もう一枚は膝《ひざ》の上にかけて座りました。そして、ときどき「なまんだーぶ　なまんだーぶ」と称えながら、最後までご法話を聞いて帰っていかれました。

ご法座は朝十時からお昼をはさんで夕方四時頃まで続きます。そんなにも長い時間、ご法話の声がほとんど聞こえないにもかかわらず、どうして座っていられるのか、私は不思議に思いました。

この女性のように、ご高齢で耳が聞こえにくいご門徒さんは少なくありません。キクコさんもそんなお一人です。

月参りのとき、私が玄関の呼び鈴を鳴らしても、返事はありません。でもちゃんと、ドアを少し開けて待っていてくださいます。それを合図に、私は勝手に仏間に入っていきます。念のため、「失礼しまぁす！　お参りにうかがいましたぁ！」とボリュームを上げてお声をおかけしますが、奥のほうで作業をしているのか、出てこられません。

お仏壇には、お灯明《とうみょう》がつけられ、お花やお仏飯がお供えしてあり、かたわらにはお茶とお菓子が用意してあります。

私はキクコさんの姿が見えないので、一人でおつとめを始めます。おつとめがもう終わるという頃、後ろで障子を開ける音がしてキクコさんが入って来られます。

「ああ、もうお参りくださったんじゃね」

そう言ってキクコさんもおつとめに参加します。おつとめが終わり、私はお茶をいただきながら、キクコさんとお話をします。二人とも、ものすごく大きな声で、微妙に話が食い違いながらも、ニコニコ笑いながら仏さまのお話をします。

キクコさんの用意してくださっていたお茶は、朝の九時だというのに、いつも信じられないぐらい冷たくなっています。おそらく、朝四時ごろ起床して、今日は月参りがあるということで、一番に入れてくださったお茶なのでしょう。

そのお茶をすすりながら、私はふと気がつきました。キクコさんは、私の声を聞いているのではない。アミダさまのよび声を聞いているのだと。お経やご法話が聞こえなくても、ご法座にお参りされたり、月参りをされるのは、アミダさまのよび声を聞くためなのだと。

「必ず救う、我《われ》にまかせよ」のよび声を聞き受けること、それが仏法を「聞く」ということなのだと、私は知りました。

15 力尽きるとき

正男さんは、熱心な浄土真宗のご門徒でした。定年後は、ご夫婦で方々のお寺に出かけて、お聴聞《ちょうもん》（仏さまの教えを聴くこと）の日々を過ごされていました。

月参りのときには、「必ずお正信偈六首引《ろくしゅびき》をおつとめし、ご法話をしてほしい。御文《ごぶん》章《しょう》は伝統的な読み方で」と、僧侶に要望されていました。また、お寺の運営に関して、住職と議論を戦わせたこともありました。

七十代半ばで脳梗塞《のうこうそく》で倒れられ、言葉が出にくくなったときも、毎日お正信偈をとなえ、発音のトレーニングをされました。そうしたご本人の懸命なリハビリと奥さまの献身的な介護もあり、数年後にはかなり回復されました。

しかし、ご夫婦二人三脚での療養生活も一息ついたかのように思われたとき、奥さまが突然亡くなられたのです。そして五年後には、お嫁さんが亡くなられました。大切な方に次々に先立たれた正男さんの思いがどれほどのものであったか、想像もつきません。

その後、月参りにうかがった際、おつとめが終わって私が振り返ると、正男さんはゆっくりと口を開かれました。脳梗塞の後遺症で言葉は不明瞭でしたが、次の言葉ははっきりと聞くことができました。

「妻と嫁がまさか先に逝《い》くとは……。正直、こたえました」

そうおっしゃった正男さんの目には、深い悲しみの色が浮かんでいました。しかし、同時にその瞳は慈愛にあふれ、表情は今まで見たこともないほど穏やかで優しいものでした。

私たちは、受け入れられないほどの悲しみと喪失感に出会い、自らが積み上げてきたことが何一つ役に立たないと知るのかもしれません。自らの力が尽き、自分には何もないと知らされたとき、「あなたを救いたい」という仏さまの願いが全身に注がれるのでしょうか。まるで、空っぽになったコップにアミダさまのお慈悲が一気に満ちあふれるような印象を受けました。正男さんを取り巻いていたやわらかく穏やかな空気を、私はそのように解釈するよりほかありません。

奥さまとお嫁さんを亡くされてからというもの、正男さんは、おつとめやご法話のリクエストを一切されなくなりました。僧侶がどのお経をとなえても、どんなお話をしても、静かに穏やかに聞いておられます。

正男さんの足腰は次第に弱り、いつのまにか正男さんの姿をお寺のご法座で見ることもなくなりました。最後に私がお参りにうかがったとき、正男さんはこんなことをおっしゃっていました。

「最近、デイサービスに通うようになりました。デイサービスで折り紙を折ったり、歌を歌ったり、最初は苦手でしたが、だいぶ慣れました。でも、一つだけ願いがかなうなら、お聴聞がしたいのです」

最後まで、仏さまの教えをよろこばれた方でした。

16

決して忘れない

生い茂ったヒイラギの枝をよけながら通路を進んでいくと、チエコさんのお宅の玄関が現れます。呼び鈴を鳴らすと、今年九十歳になるチエコさんがドアの隙間から顔を出します。

「あんた、誰かいね」

「○○寺と申します。月参りにうかがいました」

「○○寺は断ったはずじゃがね」

数年前から毎月この会話が繰り返されています。チエコさんがドアを閉めようとするところを、私は押し売りのごとく、ググッと押しとどめます。ここで引き下がるわけにはいかないのです。なぜなら、事前にチエコさんの息子さんからお電話があり、今までどおり月参りをすることになっているからです。

私が広島に嫁に来た十年前、チエコさんはしっかり者の親切なおばあちゃんでした。僧服を着て月参りにうかがった私を、とても丁寧にもてなしてくださいました。しかし、数年前からチエコさんは、私が誰なのかわからなくなっていました。

「大変申し訳ございません」

そう言って私は、チエコさんの脇をすり抜け、雪駄《せった》を脱ぎ、仏間に直行します。住居侵入罪で通報されても仕方ないなと思っていると、後ろからチエコさんの声がします。

「まったく迷惑な人じゃね。頼みもしないのにお参りに来て。うちのお寺は△△寺なんじゃがね」

と、市内の大きなお寺の名前があがります。私に関する記憶が白紙なら、確かに私はチエコさんにとって、まったくもって迷惑な存在だろうなぁ。それにしても、△△寺さんって？　と考えていると、奥から息子さんが出てこられました。

「あー、すみません。今、母の記憶は嫁入り前に戻っていまして」

なるほど、チエコさんのご実家のお寺が△△寺さんだったのか。それなら、「◯◯寺は断った」とはどういうことだろう。◯◯寺のことは覚えておいでなのか。深く考える暇もなく、私はいつもどおりおつとめを始めました。

おつとめが終わって振り返ると、チエコさんは息子さんの横に小さな体を丸めて座っておられます。

もはや、チエコさんが手を合わせることはありません。お念仏することもありません。かつてのチエコさんを知る人は、言うかもしれません。

「以前は、あんなにお念仏が口からこぼれていたのに。あんなに優しかったのに」

私にもそんな気持ちがないとは言えません。けれども、チエコさんはその小さな体全体で力強く私に問いかけているように感じるのです。

アミダさまは私たちに、たくさんお念仏をしたら、救うとおっしゃいましたか。お寺のお世話をしたら、救うとおっしゃいましたか。人に優しく親切にしたら、救うとおっしゃいましたか。いいえ、そのようにはおっしゃっていません。「どのようなあなたでも、決して見捨てない。必ず救う」と、よび続けていらっしゃいます。私がアミダさまを忘れても、アミダさまは決して私を忘れないのです。

17 母親というもの

毎年、お盆の季節になると、どんなご法話をしようかと悩みます。そして、結局お盆の由来について話すことになります。

お盆は、『盂蘭盆経《うらぼんぎょう》』というお経にもとづいています。お釈迦《しゃか》さまのお弟子の一人・目《もく》連尊者《れんそんじゃ》はあるとき、神通力《じんずうりき》を使って亡くなったお母さんをさがしました。すると、お母さんは餓鬼《がき》の世界に堕《お》ち、痩《や》せ衰《おとろ》えて飢《う》えに苦しんでいるではありませんか。目連は驚き、水や食べ物を母の口に運ぼうとしますが、口元に至ると炎に変わってしまうのでした。嘆き悲しむ目連は、お釈迦さまに救いを求めます。お釈迦さまは、夏の長い厳しい修行を終える七月十五日、僧侶たちに清らかな食事を施《ほどこ》すことを勧めます。これがお盆の由来とされています。

そして私は、目連の母が餓鬼道《がきどう》に堕ちた理由について話さなければなりません。

「目連の母は生前、目連を大変かわいがり大切に育てました。しかし、我が子を愛するあまり他者に施しをしませんでした。夏の暑い日、家の前を通りかかった一人の老人が一杯の水を乞《こ》いました。しかし、母は水を施しませんでした。水瓶《みずがめ》には水が満ちていましたが、母はその水を幼い息子のためにとっておきたかったのです。母は息子には深い愛情を注ぎましたが、見知らぬ老人の渇《かわ》きを思いやる心を持ちあわせず、死後、餓鬼道に堕ちたといいます……」

私の声は、だんだん小さく、歯切れが悪くなります。頭の中で、目連尊者のお母さんと自分の姿が重なります。

今から八年前、三歳の息子を寝かそうと寝室の電気を消したところ、暗闇で夫と息子がふざけ始めました。その矢先、「ゴツン！」と大きな音がして、次の瞬間、息子の泣き声が響き渡りました。電気を点けると、息子の口から血が噴き出しているではありませんか。その脇で、夫が「いてて……」と頭を抱えていたようです。私はとっさに息子を抱きかかえ叫んだそうです。

「うちの子に何するのよ！」

叫んだ記憶はなく、夫から後で聞きました。夫の頭と息子の歯がぶつかり、夫の頭には歯型が付き、息子の歯は陥没しました。夫は心の中で、「『うちの子』って、僕の子でもあるし、なにより僕も頭から血を流しているのに、それはないんじゃないの？」とツッコミを入れたそうです。

結婚式では夫と家族になることを決意し、出産後はともに子育てをしているつもりでしたが、とっさに出た私の言葉は、夫と、血を分けた我が子との間に、しっかり境界線をひいていました。息子には深い愛情を注いでも、目の前の夫の痛みを思いやる心を持ち合わせていなかったのです。

すべての人に対して、我が子と同じように分け隔《へだ》てなく愛情を注げる人を「仏」というのでしょう。一方、我が子かわいさに、他人に物惜しみをすることを「餓鬼」というのでしょう。我が子かわいさに、他人に怒りや憎しみを抱けば「地獄」となります。今年のお盆もまた、心に地獄と餓鬼をかかえた私の姿を知らされ、そんな私を「大丈夫、そのまま救う」と抱きとってくださる仏さまの偉大さ、ありがたさを感じずにはいられないのでした。

18

まかせよ

「お母さん」

その医師は、私と娘のほうにグルリと向き直り、怪訝《けげん》な表情で言いました。

「お母さんは一体、娘さんを治したいのですか、治したくないのですか」

その日、私は一歳の娘を皮膚《ひふ》科に連れて来ていました。娘の顔に、一カ月ほど前から湿疹《しっしん》が出始め、どんどん悪化し広がっているのが心配でした。医師は娘を診察し、皮膚につける軟膏《なんこう》を処方してくれました。

しかし、母親である私は、その軟膏が強めのものであり、副作用もあるという情報をインターネットで見ており、難色を示したのでした。

「顕微鏡《けんびきょう》などで皮膚を見なくてもよいのか」「何かの感染症ではないか」「乳児に、そんな強い軟膏を塗ってもよいのか」などと、さんざんゴネている私に対して医師が発した言葉が、先の「治したいのですか」というものでした。

医師はペンとメモ帳を取り、何百回も繰り返してきたであろう説明を始めました。

「娘さんの肌では現在、火事が発生している状態です。この火事を少々強めの薬を使ってでも一気に鎮火しないと、延焼していく恐れがあるのです。薬は長期間にわたって使用した場合には副作用が報告されていますが、短期間であれば問題ありません」

メモ帳には、医師が描いた炎が燃え盛っていました。

「インターネットや口コミでいろいろな情報が飛び交っているのは、わかります。けれども、お母さんが今日、ここに娘さんを連れて来たのは、インターネットや知人ではなく、私に治してほしいからではありませんか。皮膚のことは皮膚科医にまかせて、まずは処方された薬を用法を守って塗布《とふ》してください」

その言葉を聞いた私は、頭をハンマーで殴られたようなショックを受けました。

「執拗《しつよう》に検査を求める」

「自分で病名や治療方針を決めようとする」

「処方された薬の飲み方を自己判断で変えたり止めたりする」

「医者を信用しない」

これらは、医師が苦手とする患者のタイプだそうです。すべて私にあてはまっています。私は病院に通いながら、医師と薬をまったく信用していなかったのです。それは医師に限らず、すべての人・モノ・コトに対する私の態度そのものでした。そして、相手に対し、表面上は礼儀正しく接しても、心の内では自分が一番正しいと考え、思い通りにならなければ相手を疑い拒絶する、そんなふうに生きてきたように思います。

メモ帳に描きこまれた炎が、自分の煩悩の炎に見えました。この煩悩の炎を鎮火するためにアミダさまは、「ナモアミダブツ」という薬を処方してくださいました。私はずっと、その薬を自分の判断で歪《ゆが》め、疑い、拒否し続けてきたのかもしれません。薬の知識ばかりを仕入れても、薬を飲まなければ病は治らないのです。

「我にまかせよ、必ずたすける」

アミダさまはよび続けてくださっています。このよび声を疑いなく聞き受け、お救いにまかせることを信心というのです。

奇しくも、医師の言葉で気づかされることになりました。

19 洗濯

我が家はとにかく洗濯物が多いのです。野球教室に通う長男が着た、泥だらけのユニフォーム。少し水に濡れただけで着替える長女の洋服。そのほか、住職と私の白衣《はくえ》や足袋《たび》で、我が家の洗濯カゴはいつも山盛りです。

おかしい。二十世紀に入り、家事を軽減するために洗濯機が導入されたのではないか。なのに、私は今も洗濯が負担だとぼやいている。確かに洗いの手間は格段に減った。しかし、干す、たたむ、しまう、はいまだに手作業だ。しかも、洗いの時間が短縮されたのをよいことに、私たちはたいして汚れていないものもすぐに洗濯してしまう。いや、そもそも洗濯機のおかげで捻出された時間にあれこれ他の予定を入れて、ますます忙しくしている私に原因があるのか。

そんなことを考えながら洗濯物と格闘していると、夫がひょっこり顔を出します。

「よかったね。お浄土には洗濯はないらしいよ。四十八願の中に書いてあるよ」と言って笑顔で立ち去りました。

なにぃ？　法蔵菩薩が誓われた願《がん》の中にそんな願があったなんて！　さっそく、私は『仏説無量寿経《むりょうじゅきょう》』を調べてみました。ありました、ありました！

第三十八願　衣服随念《えぶくずいねん》の願

わたしが仏《ほとけ》になるとき、わたしの国《くに》の天人《てんにん》や人々《ひとびと》が衣服《いふく》を欲《ほ》しいと思《おも》えば、思《おも》いのままにすぐ現《あらわ》れ、仏《ほとけ》のお心《こころ》にかなった尊《とうと》い衣服《いふく》をおのずから身《み》につけているでしょう。裁縫《さいほう》や染《そ》め直《なお》しや洗濯《せんたく》などをしなければならないようなら、わたしは決《けっ》してさとりを開《ひら》きません

（『浄土三部経（現代語版）』三七頁）

お浄土では「こんな服が着たいな〜」と思うと、すでに身に着けているというのです。裁断や縫製の工程がないのですから、当然縫い目はありません。縫い目がなければほこ

ろぶこともないですから、繕《つくろ》い物もありません。汚れのない世界ですから、汚れることもなく、当然、洗濯する必要もありません。四十八願の中でもひときわ生活感あふれる願です。けれども、この願は私たちの住むシャバ世界とお浄土の違いをよく表しています。

シャバ世界には、さまざまなルールがあります。汚れたら洗う・出したらしまう・入ったら出る・使ったらなくなる・食べたらトイレに行く等々、何をするにも、いちいち手続きがあります。物事が実現するのに時間がかかります。「何かと面倒くさい」のがシャバ世界なのです。

お浄土は一つにとけあった世界。意識が一瞬で現実になる世界。入口も出口もない。遠も近もない。善も悪もない。正も邪もない。優も劣もない。美も醜もない。富も貧もない。生も死もない。あなたと私の区別もない。あなたのよろこびは私のよろこび、あなたの悲しみは私の悲しみ。それがお浄土という世界です。

洗濯物の山を前に愚痴をこぼすその同じ口から「ナモアミダブツ」と声が出ます。このお念仏は、お浄土から、アミダさまが私をよぶ声です。「だいじょうぶ。必ずお浄土に救いとる」と。

20 アミタブ君

今でこそ、慣れた口調でお念仏している私ですが、十二年前はこのお念仏がなかなか素直に出ませんでした。というのも、「なまんだー」と言うたびに、ある人の顔が頭に浮かび、お念仏の邪魔をするのです。それは、私が二十代で海外留学した時に出会った人です。彼の名前は、アミタブ。インドからの留学生でした。

彼の名前は、アミダブツの語源となった言葉です。

さて、このアミタブ君。さぞや素晴らしい人格者かと思いきや、まったく正反対でした。彼と私は半年間、同じチームで勉強しました。彼がいると、話し合いは必ず修羅場と化しました。話し合い半ば、彼は激高します。相手の意見を真っ向から否定し、「お前は、間違っている。何もわかっていない」と怒鳴ります。メンバーの女の子が泣いてしまったこともありました。話し合いはいつも、まるで別れ話がもつれたカップルと、それをなだめようとオロオロする関係者、といった様相でした。三十分で終わる話し合いが、彼がいると三時間になることも少なくありませんでした。

あるとき、みなの意識が朦朧《もうろう》としてきたころ、彼は自信満々にこう言いました。

「こんな課題は簡単だ。俺がレポートを書いてきてやる」

しかし、待てど暮らせど、レポートが出来上がってくることはありませんでした。メンバーは、このままでは単位を落として卒業できないのではないかと不安を感じ始めました。そして、一つの思いがわき上がってきました。

「彼さえ、いなければ……」

そしてとうとう、校長先生に訴えました。アミタブ君をチームから外してほしいと。けれども、その要求が通ることはありませんでした。チームワークを学ぶことは学校教育の大切な要素ですから、学校がその要求をのむわけはありませんでした。

その後、留学を終え、私は不思議なご縁により、浄土真宗の教えを学び始めました。しかし、「なまんだー」と称えるたびに、留学中の怒りと不安がよみがえり、なんともいやぁな気分になるのでした。そして、私の中にはこんな思いがわきおこります。

「アミダさまはどのような人も救う、とおっしゃるが、まさかアミタブ君のような人までその対象になるわけがない。人を傷つけ、嘘《うそ》をつき、迷惑をかける人が救われるわけがない」

しかし浄土真宗の教えでは、アミダさまの救いの対象でない人はいません。アミタブ君も例外ではないのです。

お念仏のみ教えに出遇い、次第に明らかになったのは、問題はアミタブ君にあったのではなく、実は私にあったということです。アミダさまの光に照らされ見えてきたのは、自分に不都合な存在を忌《い》み嫌い、排除しようとする、この私自身の姿でした。煩悩に苦しんでいるのはアミタブ君ではなく、私自身でした。

アミダさまの救いの目当ては、私だったのです。今、アミタブ君を思うとき、アミダさまのはかり知れない大いなる救いのはたらきを感じずにはいられません。

21

お浄土の色

ある日、小学四年生になる息子の友だちが遊びに来ました。本堂に駆け込んだ男の子が思わず叫びました。

「すっげー、金ピカじゃん」

本堂のアミダさまがいらっしゃるお部屋をお内陣《ないじん》といいます。お内陣を初めて見る子どもたちは、一様にその豪華さに驚きます。そして、なぜ、その一角だけが金ピカなのか不思議に思うようです。

お内陣が金ピカな理由は、簡単です。お浄土を模しているからです。アミダさまは光の仏さまです。そのアミダさまがつくられたお浄土は、光に満ちあふれた世界であり、その美しく浄《きよ》らかなありさまを「金」で表しているのです。

一方、お経の中には、色とりどりのお浄土の様子も描かれています。お浄土の池には、

「青・黄・赤・白」の大きな蓮の花が咲いており、それぞれの色の光を放って美しく咲いているとあります。

「金」であり、同時に「青・黄・赤・白」でもある……バブルの残り香を経験した私が想像するのは、赤や青にギラギラと輝くミラーボールです。けれども本当のお浄土は、私の想像をはるかに超えて、もっともっと浄らかで美しい色の光を発しているのでしょう。

さて、お浄土は「アミダさまの世界」と言いましたが、これは「アミダさまの世界観」といったほうがよいかもしれません。アミダさまの目から見ると、すべてのいのちが光り輝いているということです。そして、それぞれのいのちが異なる色の光を放っているというのです。異なる個性の光が互いに照らし合い、重なり合い、全体として見事な調和を創り出している、それがアミダさまの世界観です。

小学校の参観日に行くと、子どもたちの多様な個性に驚かされます。じっと座って先生の話を聞く子もいれば、一分たりともじっとしていられない子もいます。計算も書き取りも、何でも早くてあっという間に終わらせる子もいれば、作業に時間がかかり、終了時間になっても終わらない子もいます。

参観後の懇談会で先生がおっしゃいます。

「どの子もみんな、出っ張っているところと、引っ込んでいるところがあります。長所は短所になり、短所は長所になります。でも、私たちは一つのモノサシで子どもたちを測って、優れている、劣っていると判断してしまいます」

確かに、親は子どもがじっとしていないと、「なんでちゃんとできないの！」と怒ってしまいますが、裏を返せば、好奇心旺盛で行動力があると言えます。また、子どもの動作が遅いと、つい「早くしなさい！」と急かしてしまいますが、見方を変えれば、じっくり心を込めて丁寧に行っていると言えます。

アミダさまのまなざしから見れば、私たちは大人も子どもも、異なる個性の光で互いに互いを照らし合う、美しい光そのものなのでしょう。

22

お浄土の音楽

私はカラオケが苦手です。一九八〇年代半ばに誕生したカラオケボックスは、学生を中心にあっという間に広まりました。しかし、当時女子高生だった私は、完全にその波に乗り遅れていました。「歌詞が覚えられない」のは字幕でカバーできるとしても、「メロディーが覚えられない」「音程を外す」「声が小さい」の三拍子そろった（?）状態ではとてもカラオケは歌えません。誘われても丁重にお断りし、たまに行けば壁の花に徹していました。

そんな私が「お坊さん」になってわかったのは、お坊さんはカラオケがうまい、ということです。お坊さんの多くは、幼少期からお経をとなえ続けているので、よく通る声と強靭《きょうじん》な喉《のど》を持っています。対して私の喉は極めて脆弱《ぜいじゃく》で、お経には不向きでした。月参りやご法事でお経をとなえても、背後でとなえているご門徒さんのほうがあきらかに音程が正しく、上手なことがあります。愕然《がくぜん》とするとともに、私のお経を聞かされるご門徒さんに対して、申し訳ない気持ちになりました。

そこで意を決して、声楽の個人教授を受けるため、近所の音楽大学の門をたたきました。担当の先生は宗教音楽が専門とかで、その先生の熱心なご指導の甲斐《かい》あって、私の喉は次第に鍛《きた》えられ、声も伸びるようになりました。数カ月後には、ご門徒さんから「お経が上手になっちゃったね」とまで言われるようになりました。

しかしあるとき、ご法事の後で「天使の歌声を聞いているようじゃった」との感想をいただき、そのとき初めて、私は宗教音楽の方向性を間違えたことに気づいたのでした。その後は個人指導をあきらめ、私なりに試行錯誤を続けてきました。なんとか聞ける程度にはなりましたが、まだまだお経には自信がありません。

『仏説阿弥陀経《あみだきょう》』の中に、お浄土では、百や千の楽器を一斉に奏でたような音楽が聞こえてくるという描写があります。しかも不思議と調和がとれた美しいハーモニーとなっており、この音楽を聞く人々は、自然に仏さまの教えを心に念じるとあります。

私たちの世界で百千の楽器を一斉に鳴らしたら、不協和音にしか聞こえないでしょう。

西洋音楽の「ド」と「レ」、邦楽の「宮《きゅう》」と「商《しょう》」などは不協和音と呼ばれ、同時に鳴らすと人は不快に感じます。人間関係にも不協和音があります。「どうも、あの人とはウマが合わない」「顔を合わせるとケンカになる」「見ていてイライラする」などと言って、自分に都合が悪い人を遠ざけようとする私です。

けれども、お浄土に不協和音は存在しません。この世の不協和音もお浄土では、見事なハーモニーとして聞こえてきます。「嫌っている私」も「嫌われているあの人」も、互いに響き合いながら素晴らしいハーモニーを奏でている、それがお浄土という世界です。

私の声も、お浄土では美しい楽曲の一部となるのでしょうか。そんなことを考えながら、今日もご門徒さんの声と音程を合わせようと奮闘するのでした。

23 テクノロジー

幼少の頃、スクーターに乗るお坊さんを見て、少なからぬ衝撃を受けたことを覚えています。しかし今では、ヘルメットをかぶりスクーターに乗って走り去るお坊さんも、すっかりお盆の風物詩に数えられるようになりました。

日本の伝統的職業である「お坊さん」の生活は、一見すると「テクノロジー」とは対極の位置にあるかのように思えます。実際、私が結婚前にもっていたお坊さんのイメージといえば、ひたすら読経し、廊下を雑巾がけし、クネクネした文字で書かれた古文書を読み、手紙は巻き紙に筆でしたため……というものでした。

しかし、実際にお寺で生活をしてみると、お坊さんは読経だけしているわけではない、ということがわかってきました。お参りのためのスケジュール管理、ご門徒さんの連絡先の更新、案内ハガキやパンフレットの印刷、はたまた経理や決算……。気がつくとパソコンの前でひざかけにくるまり、コーヒーをすすりながら作業をする勤務スタイルは、会社勤めの頃と変わりません。確かにお寺の事務や経理は、パソコンを使うとたいへん快適です。

こうして原稿を書いている今も、テクノロジーの恩恵を受けています。「あの言葉は何という仏書のどこに書いてあったか」と思っても、子どもの「ママ、一緒に遊ぼうよぉ」攻撃をかわしつつ、我が家の蔵書から必要な言葉を探し出すのは至難のわざです。けれども現代ではありがたいことに、膨大な量のお経や註釈書がインターネット上で読めるのです。しかも、親切なことに検索機能もついています！

先日、やはり原稿を書きながら、「最近、お聴聞もしていないし、書くことが思いつかない……」とブツブツ言っていたら、夫が私のスマホを設定して、スマホでご法話を聞けるようにしてくれました。

最近では、人間がスピーカーに声をかけると、人工知能が音楽をかけてくれたり、買い物までしてくれます。近い将来には、いつでもどこでもお聴聞できるようになるでしょう。

この十年で、多くのご門徒さんがお寺にお参りできなくなりました。ある方はご病気で入院され、ある方は足腰が弱って外出ができなくなり、ある方は施設に入所されました。それまで足しげくお寺に通い、お聴聞されていた方がある日を境にお寺から遠ざかってしまわれます。人生の最期を迎えるとき、仏さまの教えに触れることができないのは、とても悲しいことです。

自宅にいても、施設にいても、病院にいても、目が見えづらくなったり、さまざまなことを忘れてしまうようになっても、テクノロジーが私たちと仏さまの教えのかけはしになってくれることを願っています。

いつの日か私がベッドの上で生活するようになったとき、傍《かたわ》らの人工知能にこんな風に呼びかけているかもしれません。

「お正信偈をおつとめしておくれ」

「ご法話を聞かせておくれ」

24

白い道

ある晩、夢を見ました。

私の前には、見渡すかぎり広野が広がっています。足元から幅十数センチぐらいの細い道が続いています。夢の中で、これが善導大師《ぜんどうだいし》がおっしゃった「二河白道《にがびゃくどう》の譬《たと》え」に出てくる白い道なのかなぁ、とぼんやり思います。

それにしても私の白道は何か変です。善導大師によると、旅人が立っている白い道の右側には水の河がさか巻き、左側には火の河が燃え盛っているはず……。けれども、私の両側は干上がった田んぼのように何もないのです。旅人の後ろからは、獣や盗賊が追いかけてくるという話でしたが、追手が来ている様子は見られません。後方からお釈迦さまがエールを送り、前方からはアミダさまが招く声が聞こえないかと内心期待していたのですが、その様子もありません。

やはり、私が歩いているのは白道ではなく、田んぼのあぜ道なのか……とガッカリしながら前方に視線を向けると、はるか遠くに家族の姿が見えました。前後してお世話になった先生方やご門徒さんが歩いています。みな一列になって白い道を歩いているのです。私からはすべての人が豆粒のように小さく見えます。とても追いつけそうにありません。けれども、私は不思議と落ち着いていました。家族や大切な人たちに大きく遅れを取っていても、焦ることも落ち込むこともありません。ただ、目の前の細い道を歩んでいけば、道の向こう側で必ず会えるのだという確信がありました。

朝、目が覚めると、いつもの慌ただしい生活が始まります。お弁当を作り、子どもたちを送り出し、簡単に家事を済ませ、法衣に着替えお参りに出かける……。僧侶であると同時に、妻であり、母であり、夢で見た白い道のことなどすっかり忘れて、夕飯のおかずは何にしようかと頭を悩ませます。

いろいろなことがうまくいっている時は、もっともっとと欲張り（水の河）、うまくいかなくなると、腹を立てたり、自分を責めたりします（火の河）。体調が悪いと落ち込み、おいしいもの・快適なもの・美しいものにめっぽう弱く（追ってくる獣）、念仏一つで本当にすくわれるのだろうか、他にもよい教えがあるのではないかと、ときに心が揺れ（追ってくる盗賊）、そんな自分自身の姿も見えていないのです。

日常のあれやこれやと、欲の心に覆われて、白い道もかき消され、踏み外しそうになります。そんな私ですが家族に言わせると、原稿の締め切りが近づくと、急にお聖教《しょうぎょう》※を開くようになるそうです。締め切りに育てられているようです。

結婚して得度してから十三年。以前、僧侶は人を支え導く存在だと思っていました。実際、得度をしてからの私は、支えられ導かれっぱなしです。私にとっての仏道とは、俗世の真っただ中、煩悩盛んな我が身が、さまざまな出遇いを通してお育てをいただくことだったのだと知らされます。


お聖教…「浄土三部経」（『仏説無量寿経』『仏説観無量寿経』『仏説阿弥陀経』）、七高僧（浄土の教えを伝えてくださった方として親鸞聖人が尊敬されたインド・中国・日本における七人の高僧）の撰述、親鸞聖人の撰述。

25 親子

満開の桜のもと、晴れやかに入学式や始業式が行われ、子どもたちは進学・進級します。しかし、その日から一転、親子の慌ただしい日々が始まります。

毎日、迫りくる登校時間を前に、親がつい発してしまうのは、「早くしなさい！」という言葉です。学校から帰ってきて延々とゲームをし続ける子どもには、つい「勉強しなさい！」と言いたくなります。「わかってるよ～」「あとでやるよ～」なんて返事が返ってくると、「そんなこと言って、いつもやらないじゃない！」と怒りに火がつきます。

子育てを終えた世代が口をそろえておっしゃるのは、「なんであんなに頭ごなしに怒ったんじゃろ。今思うと、怒る必要なんてちっともなかったのに」ということ。

生きてきた年数が違っても、親も子も独立した一個の人格です。緊急事態を除けば、親が子どもに命令したり怒る必要なんて、まったくないのかもしれません。

育児マニュアルに書いてあります。

「『早くしなさい』ではなく『どうしたら間に合うかな？』とたずねてみたり、『勉強しなさい』ではなく『一緒にこの問題を解いてみよう』と提案するとよいでしょう」

そこで私は、「〇〇しなさい」をやめてみました。しかし、今度は違った形で子どもを追い詰めています。「給食着が今日いるって、どうして昨日のうちに言わないの！」「なんで、この問題がわかんないの！」と、もはや疑問文とはいえない否定的な言葉が飛び出します。

「なんで〇〇しないの」という詰問《きつもん》型も、「しなさい」「したらダメ」という命令型も、言葉の裏に「相手を思い通りにしたい」という心理が働いています。親は無意識のうちに、子どもを我がものと思い、コントロールしようとしているのです。

コントロールといっても、命令型や詰問型といった、わかりやすい形だけではありません。「あなたのためを思ってやったのよ」「あなたのことが心配なのよ」という献身的な言葉によって、子どもが重圧や罪悪感を感じることがあります。これも親が子どもを支配する一つの形です。

小さい頃、親から言われて嫌だった言葉を、思わず我が子に投げかけている自分に気がつくとき、ふと思います。親が子どもを支配し、その子どもは大人になり、そのまた子どもを支配する……。私はそんな親子関係を繰り返してきたのかもしれません。家系による親子関係だけではありません。ずっと昔から、私たちは生まれ変わり死に変わりして、ときに親となり子となり、立場を入れ替えながら、何度も同じドラマを繰り返してきたような気がします。

私たちが仏さまの教えに出遇うとき、親も子もいずれも不完全な人間であり、等しくアミダさまの救いのめあてであることに気づかされます。そして、アミダさまのお慈悲の光は、親子のドラマを繰り返してきた私自身の姿をはっきりと浮かび上がらせ、「そんなあなたを必ず救う」と抱きとってくださるのです。

26

花

五月。一年でもっとも花が咲き乱れる季節です。お参りに行く道すがら、家々のフェンスからのぞく花々をめでるのも楽しい今日この頃。

私が「お庭拝見」を楽しみにしているお家が、近所にあります。その家のご主人とは一面識もありません。苗字も知りません。ただ、私がお参りの途中、前を通るたびに、車の中から勝手にのぞき見をしているだけです。四季折々の草木や花があるべき場所に植えられ、いつもきれいに手入れされた庭は、どこを切り取っても絵になる美しさです。

私は車を走らせながら、その庭が近づくにつれ、なんだかウキウキと楽しい気分になり、その庭を見ると、心がフッと軽くなるのを感じます。ですから、少々遠回りしても前を通るほどです。

そして、フェンスの前に来ると、極力スピードを抑えて車を走らせます。後方から車が来なければ、フェンスに寄せて駐車し、刑事ドラマのごとく車中からジーッとのぞき見ています。

こんなふうに書くと、いかにも私が生来、花を愛する人のように思われるかもしれません。けれども私が花に惹《ひ》かれるようになったのは、子どもが生まれてからのことです。以前の私は、極めて即物的な考え方をする人間でした。花を誰かにプレゼントするようなことは、ほとんどありませんでした。植物を育てたのは、小学生のときの朝顔とヘチマぐらいです。

私にとって花は、「手のかかる」「高価な」ものでしかありませんでした。花を見ても、「食べられるか」「体によいか」「お金になるか」としか考えないならば、花には何の価値も見出せないでしょう。けれども花は、人間に踏み倒され、切られ、目を向けられなくても、何の見返りも求めず全力で咲き、いつの間にか私を慰め、癒《い》やしてくれます。

親鸞聖人がお浄土に咲く蓮の花を詠《よ》んでおられます。

一々《いちいち》のはなのなかよりは

三十六百千億《さんじゅうろっぴゃくせんおく》の
光明《こうみょう》てらしてほがらかに
いたらぬところはさらになし

（『註釈版聖典』五六三頁）

「百千億」というのは、数の単位というよりも、膨大な数を表す言葉のようです。お浄土の蓮の花には、百千億枚、つまり数えられないほどたくさんの花びらがあります。花びら一枚に、青、白、玄《くろ》、黄、朱、紫の六つの色があり、それぞれの色が同じ色の光を放ちます。六色の光が互いに映り合い交じり合うので、一枚の花びらから、6×6＝36の光が放たれる計算です。その花びらが百千億枚あるので、一輪の花から「三十六百千億の光」が放たれるというのです。想像をはるかに超えた、荘厳な光景です。

お浄土の蓮の花は、一つの色の中にすべての色が映し出され、すべての色の中に一つの色が映し出されます。すべては互いに関係し影響し合っており、独立して存在するものなど一つもないことを示しています。そして、一つのいのちの中に「三十六百千億の光」を見ることができるのが仏さまの目なのだと親鸞聖人の歌は教えてくださいます。

27 断捨離？

「断捨離《だんしゃり》」という言葉、ずいぶん前に流行語となり、今では私たちの日常会話にもすっかり定着した感があります。

「幼稚園の制服あればゆずってぇ」「ごめん！　断捨離しちゃった」という具合です。

断捨離は、もともとヨーガの行法《ぎょうほう》です。それを整理術に応用し、「断＝入ってくるいらない物を断つ」「捨＝ずっとあるいらない物を捨てる」「離＝物への執着から離れる」ことによって、身軽で快適な生活を手に入れることが目的です。私もブームに乗って、断捨離を試みたことがありました。

当時、私の机の上は、子どもが学校から持ち帰ったプリントやテスト、仕事の資料、ダイレクトメール、新聞や冊子がうず高く積まれ、なだれを打っていました。床の上には、子どものおもちゃやカバン、制作物、健康器具その他が散乱し、通り道をふさいでいました。こうした雑然とした部屋にほとほと嫌気がさし、雑誌に出てくるようなスッキリ整然とした部屋をめざして断捨離を決行しました。

しかし、敵は手ごわいのでした。処理するスピードより、貯まるスピードの方が速いのです。ようやく机の上の紙があと一枚、というところまでくると、息子のテストがドバっと返却されてきます。娘は「ママ、だいすき」と書いた愛らしい手紙をくれます。とても捨てられません（涙）。子どものおもちゃに手を付けようとして、「これいる？」と聞くと、たいてい「いる」と答えます。

整理しても片づかない、一瞬片づいてもあっという間に散らかる部屋にもっとイライラをつのらせるはめになりました。すべてのものを見ては、「これは捨てられるか」と考え、常に捨てるものを探している始末です。断捨離で執着を捨てるはずが、断捨離に執着するはめになり、心は穏やかではありません。

あるとき、本堂でご法事のおつとめをしてから、リビングに帰ってきました。昨晩、片づけたばかりの部屋は、さながらおもちゃ箱をひっくり返したような散らかりようです。乱雑な部屋をぼう然と眺めながら、ご法事で話したことをふと思い出しました。

「アミダさまは善悪、正邪《しょうじゃ》、優劣を分けられません。この子はよい子だから、優秀だから、正しいから救う、とはおっしゃいません。どのようなあなたであっても必ず救う。悩み苦しむあなたをこそ救う。これがアミダさまの誓いです」

片づけられるもよし、片づけられないもよし、それこそがおさとりの境地でしょう。アミダさまは、片づけられるあなたもよい、片づけられないあなたもよい、そのままのあなたを救うと、そうおっしゃっておられるのです。

思えば、片づかない部屋は、私そのものです。煩悩のチリをはらおうとしても、次から次へと煩悩があふれてきます。そしてそのこと自体に思い悩み、よりいっそう煩悩をつのらせていきます。アミダさまは、煩悩を抱えた私を、そのままつつみこんでくださるのです。片づかない部屋を前にして思わずつぶやきます。

「ナンマンダブツ」

28

黒いお方

仏教徒にとって、なかなかやっかいな季節がやってきました。お釈迦さまご在世の頃、雨季にあたる九十日間は「雨安居《うあんご》」といって、僧侶が屋内にこもって勉学に励む期間でした。たくさんの生き物が地面から出てくるこの季節に、うっかり踏んでしまって、いたずらに殺生《せっしょう》しないための工夫だったようです。

日本の梅雨だって、さまざまな生き物が盛んに活動しています。しかし、私たちは梅雨であっても、家にこもっているわけにはいきません。毎日、会社や学校や買い物に出かけなければなりません。知らない間に、地面から顔を出した虫や新芽を踏んでしまっていることもあるでしょう。

そしてこの時期、家の中にいたとしても、さまざまな生き物に遭遇します。家の中で、ひときわ私を悩ますのは、あの黒いお方です。ご法話の中では、「仏さまの目を通して見ると、ゴキブリも光り輝くいのちなのです」などと言っている私ですが、いざ台所で黒いお方に出くわすと、反射的に戦闘態勢に入ってしまうのです。私の実家の母は、大の虫嫌いでした。実家にいた頃は、各部屋にハエたたきが常備してあり、黒いお方を発見したら、耳をつんざく絶叫とともに、すぐさまハエたたきが出動していました。

しかし、得度し僧侶となった今、自分の都合でむやみに殺生していいものかと思い悩みます。しかも、仰々しく「黒いお方」などと呼ばせていただいていますが、布袍といわれる黒い衣に身を包んだ私こそ「黒いお方」なのです。そう考えると、妙な親近感さえ湧いてきます。

最近、娘が小学校から持ち帰ったアンケートに、「お宅の教育方針をお書きください」とありました。私は、ひとしきり悩んだ末に、「生き物のいのちを大切にする」と書いたのです。それなのに、娘の目の前で、丸めた新聞紙を振り回すわけにもいきません。なんとか、黒いお方に自発的に立ち去っていただく方法はないかと考えました。

そんな折、美容院で雑誌を読んでいると、「ゴキブリは、刺激のあるハーブの匂いが嫌い」とありました。我が家には、私が趣味で集めたものの、使わなくなったアロマオイルがたくさんあります。これだ！と思い、さっそく、ミント、ラベンダー、ユーカリ、クローブ、レモングラスなど手あたり次第、雑巾モップにふりふりし、拭き掃除をしてみました。結果、掃除をしたからなのか、アロマオイルのおかげなのかはわかりませんが、今年に入ってからまだ黒いお方に出会っていません。もしかしたら、ハーブの香りが効いているのかもしれません。おまけに、アロマオイルのおかげで、部屋の中にはふわーっとよい香りが漂います。

ここまで書いてふと気がついたのですが、西洋のアロマが効くのなら、東洋のアロマであるお香も、効果が期待できるのではないでしょうか。思えば、お香を焚《た》くことが多い本堂やお内仏《ないぶつ》※で、黒いお方を見かけることは少ないように思います。台所でお香を焚くのも一計かもしれません。

内仏…お寺の庫裏《くり》（住職やその家族の居住する場所）に安置される本尊や仏壇。

29 入院中

「お寺に住む人は入院患者、お寺に通う人は通院患者」

あるお坊さんがおっしゃいました。「寺院」と「病院」をかけて、こうおっしゃったのでしょう。

私たち人間はみんな、煩悩という病に侵されています。三大疾病《しっぺい》は、「欲」と「怒り」と「愚かさ」です。根本にある「愚かさ」が、「欲」と「怒り」を生みます。「愚かさ」とは物事をありのままに見られないありさまです。私たちは、すべての人や物を自分中心に見て、好きか嫌いか、都合がいいか悪いかで判断します。好きな人や物にはずっとそばにいてほしい、嫌いな人や物には遠ざかってほしいと考えます。仕事やお金や健康が手に入れば、もっともっとと「欲」の心を起こし、手に入らなければ「怒り」の心を起こします。お寺は、こうした煩悩を治療するところです。

十五年前、私は住職との結婚を機に、一般家庭からお寺に入りました。それまでの私は、仕事やお金や健康を「もっともっと」と追い求め、それがかなわなければ、腹を立てていました。ときに怒りの矛先《ほこさき》は自分に向かい、自己嫌悪と後悔の日々を生きていました。

そんな私が、縁あって結婚してお寺に住み、お経を読み、仏法を聴聞してまいりました。それはいわば、自分の病に気づくこともなく日常生活を送っていた重病患者が、ある日、病院に緊急搬送されて入院したようなものでした。

入院というと、暗いイメージを抱く人もいるでしょう。けれども、お寺での入院生活は明るく快適なものです。なぜなら、そこには「病が必ず治る」という確信があるからです。「病が必ず治る」のであれば、不安や恐れは無用です。

現代の日本では、蚊《か》に刺されたとしても、「死んでしまうのではないか」とオロオロする人はいません。私たちは蚊に刺されても、薬をヌリヌリして二、三日もすればすっかり治ると知っているからです。

お寺には、煩悩に効《き》く薬がちゃんと用意してあります。お念仏という妙薬です。副作用は一切ありません。苦《にが》くもありません。むしろ、苦いものが飲めない私たち患者のために、細心の注意を払って調合されています。

アミダという名前のお医者さまは、私たち患者に難しい治療を施しません。「どうか私の名前をよんでおくれ、あなたを必ず救うぞ」とおっしゃっています。そのアミダさまの願いが、ナモアミダブツのお念仏となって私たちに処方されているのです。

この薬の効能はたくさんあるけれど、最も重要なのは「仏になる身に定まる」ということ。念仏者はこの世この身において、必ずお浄土に生まれ仏になる身に決定するのです。そして、仏になることをよろこび、この世を安心して生きて行くことができるのもまた、大きな効能です。

せっかく処方された薬を、「本当に効くのだろうか」と疑う私です。すっかり忘れて棚に置きっぱなしにする私です。アミダさまは、そんな私を救急車で運び、あの手この手で薬を飲ませ、必ず病を治してくださるのです。

ナモアミダブツ。

30

見ていらっしゃる

「仏さまは見ていらっしゃいます。仏さまは聞いていらっしゃいます。仏さまは知っていらっしゃいます」

息子が幼稚園に入園した時、先生と園児がとなえていました。仏教精神にもとづく保育に初めて接した私は、興味深く聞いていました。同時に、小学校四年生の時に、先生が黒板に書いた文字を思い出していました。

「天知る　地知る　我知る　友知る」

後漢《ごかん》の楊震《ようしん》という人が、賄賂《わいろ》を断るときに言った言葉です。他人は知るまいと思っても、天地の神々も、自分も、賄賂を渡すあなたも知っている。悪事はいつか必ず明るみに出るという意味です。当時の私は、こっそり悪いことをしたら、天や地から罰せられるのではないかと怖くなりました。

けれども、「仏さまは見ていらっしゃる」は、ニュアンスが異なります。仏さまは、私たちが道理に反することをしても、裁いたり、叱ったり、バチを与えたりしません。そうではなく、私たちが悪事をはたらいてしまう、その罪の深さ、罪業《ざいごう》の深さを、涙を流して悲しんでくださるお方です。そしてそんな私を、必ず救うとよびつづけていらっしゃいます。仏さまは、私のことを見張るのではなく、見守ってくださるのです。

住職である夫は、幼少より仏さまの教えを聞いて育っています。その夫にたずねてみました。

「今でも仏さまは見ていらっしゃると思う?」

「うん」

「では、仏さまはどこら辺にいらっしゃるの?」

「ここら辺」

今年四十五歳になる夫は、頭の横で両手をヒラヒラさせていました。

私は驚きました。どちらかというと合理的、科学的に物事を考えると思っていた夫が、自分の周りに仏さまがいらっしゃると言うのです。あっけに取られている私に対し、夫は付け加えます。

「本来なら、『仏さまはナモアミダブツの声となってご一緒くださる』と言うところだけれど、『お念仏していないときは、どこにいらっしゃるの』って聞かれるからね」

幼少時の教育は、その後の世界観に大きく影響します。三十歳を過ぎて初めて仏さまの教えに触れた私には、「仏さまがいつでもどこにでもいらっしゃる」ことを言葉としては理解できますが、「自分の周りに仏さまがいらっしゃる」という実感がありません。私が部屋に一人でいるときには、文字通り「一人」なのです。夫や息子が、今までずっと仏さまとともに育ってきたのだと思うと、何だかうらやましくなりました。

人生を生きる上で、誰しも苦しいことや悲しいことを経験します。そんなときに、仏さまだけは自分を見捨てることなく、そばで見守ってくださっていると思うことができれば、どんなにか心強いでしょう。「仏さまがご一緒」と言われて育った子どもは、人生の苦難に直面したときに、その苦難を乗り越える力を仏さまからいただくことができるのかもしれません。すでに人生半ばを過ぎた私も遅ればせながら、仏さまと常にご一緒に生きる人生を送っていきたいと思うのです。

31

世間を生きる

「忘れ物ない？　お弁当持った？　気をつけていってらっしゃい」
「はーい、いってきま～す！」

朝、学校に行く子どもたちを見送った後は、簡単に家事を済ませ、急いで着替え、車で仕事に出かけます。仕事から帰ると、家事と事務が待っています。夕方になり空腹の子どもたちが帰宅すると、夕食を用意するためエプロンをつけて台所に立ちます。

これだけ読むと、私の日常は家事と育児の合間にパートに出かけるお母さんのそれと変わりません。違うところは、家を後にするときの声かけでしょうか。通常なら、「ちょっと仕事に行ってくるわね」と言うところを、「お参りに行ってくるわね」と家を出ます。そのときの服装は、布袍と呼ばれる真っ黒な法衣にお袈裟です。お参りに行った先では読経をし、仏さまのお話をします。髪は剃っていません。紫外線が気になる日はお化粧もします。

十五年前、私は広島のお寺の住職と結婚し、同時に得度をし、浄土真宗の僧侶となりました。一男一女をさずかり、現在四十代半ば。気がつけば人生折り返し地点を過ぎようとしています。

「あら寝不足かしら、紫外線を浴び過ぎたかしら」と思っているうちに、だんだんと肌のくすみが取れなくなりました。最近では、どうも目の焦点が合いにくいような気がします。しかし、鏡の前でため息をつく暇もなく、次から次へと日々さまざまな問題が起きます。頭を悩ますのは、子どもの教育、家族の健康、お寺の運営……それらが互いにせめぎ合って、慌ただしい日常にかき消されていきます。

こんな私の生活を見た人は、僧籍を持っていながら、普通の人となんら変わらない生活ではないかと思うでしょう。

それでも、お参りしてお経を読んでいると、頭の中が妙にクリアになる感覚があります。仏さまのお話をしていると、胸のあたりがじわっと温かくなるのです。日々お会いするご門徒さんは、私の倍も生きている人生の大先輩です。その穏やかさ・優しさに触れると、私の抱える悩みが些細《ささい》なことに思えてきます。

二千五百年前、お釈迦さまご在世の頃より、僧侶は結婚せず出家して修行生活をするのが仏教の伝統でした。けれども、浄土真宗の宗祖 親鸞聖人は、仏門にありながら結婚し家庭生活を送られました。聖人は家族を持ち、そのことで掻き立てられる愛と憎しみの煩悩に惑いながらも、お念仏を称えアミダさまによって必ず救われていくことを、自ら確かめていかれたのです。

自らの立場を「非僧非俗」とおっしゃった親鸞聖人は、結婚し世俗の生活を送りながら仏道を歩まれました。

それから八百年経ち、私は、結婚によって仏法に出遇いました。僧侶でありながら夫と子どもと生活し、世間を生きています。おそらく多くのアラフォー・アラフィフの方々と同様に、仕事と家庭の両立や育児、自らの体調の変化、その他多くの問題に翻弄《ほんろう》されながら生きています。

けれども、人生で起こるすべての出会いと出来事が、私を仏にするための尊いお手立てであると受け取っていきたいと思うのです。

32 比べない

私は、生粋の団塊ジュニアです。団塊ジュニアとは、一九七一～七四年の第二次ベビーブームに生まれた世代です。

確かに私の幼少期は、子どもであふれていました。小学校時代、一学年は七クラスあり、一クラスに五十人以上の生徒がいました。小学校の思い出といえば、休憩時間の場所とり合戦。給食を急いでかき込んで校庭に飛び出さなければ、昼休みには、遊具もグランドも他の生徒に占有されて使えないというありさまでした。

人口の多さと進学率の上昇があいまって、受験戦争が最も厳しい時代でもありました。受験戦争をくぐりぬけなんとか進学したにもかかわらず、高校時代にはバブルが崩壊し、就職氷河期が到来します。何十社と就職試験を受けても内定は難しく、非正規雇用が一気に増えました。

経済は低迷し、企業間競争が激しくなります。企業内部でも、成果主義・能力主義が取り入れられ、社員同士が競うようになりました。当時マスコミでは、「格差社会」「勝ち組・負け組」という言葉が盛んに取り上げられていました。私も自分と他人を比べて劣っていると落ち込み、優れていても、いつ転落するかと不安におびえる日々を送っていました。

そんな折、私は広島のお坊さんと結婚することになり、会社を辞めて京都で仏教の勉強をすることになりました。仏教の講義を受ける中で、ある先生がおっしゃった一言が、私の心に深くつきささりました。

「自分と他人を比べることは罪なのです」

「罪」という言葉に衝撃を受けました。生き物を殺生したり、盗みをはたらいたり、嘘をついたりすることは、確かに罪だと感じます。けれども、「比べる」ことが罪だと思ったことはありませんでした。

仏さまの目を通して見ると、優れているも劣っているもなく、勝った負けたもなく、それぞれのいのちが、かけがえのない素晴らしい個性の輝きを放ちながら、全体として見事に調和していると、お経に説かれています。

私たちの世界では、成績でも売り上げでもなんでも比べます。比べることで相手を讃《たた》えたり、自分が頑張ったりすることは悪くないでしょう。けれども、たった一つの物差しで比べて、優れているからとおごったり、劣っているからとさげすんだりすることは、いのちの輝きを失わせ、自分自身や他者を殺生するにも等しい罪なのだと知りました。

あれから十五年の月日が経ちました。ときどき私は体調が悪く寝込んでしまうことがあります。そんな日は、他の人がみんな自分より体調が良くてバリバリ働いているように思えて、落ち込みます。いまだに自分と他人を比べて一喜一憂する私です。そんな私の性分をアミダという仏さまは見抜いておられます。そのうえで、「あなたのいのちを決して比べたりしない。決して見捨てない」と、たえずよび続けてくださっています。

33

婚姻届

あれは、暮れも押し迫った二〇〇四年十二月二十四日。私は、今の夫と東京・新橋のレストランで食事をしていました。当時、会社員をしていた私は年末の仕事が立て込み、疲労と眠気で意識がもうろうとしていました。それでも、目の前に差し出された一枚の紙が婚姻届であることはわかりました。見ると、婚姻届の記入欄はほとんど埋まっており、後は私がサインして押印するだけとなっていました。

大学時代に交際し始めて、すでに八年の月日がたっていました。「東京の会社を辞めて広島のお寺に嫁ぐ」という、まさに清水の舞台から飛び降りるような決断を目の前にしてなかなか踏ん切りがつかず、私は結婚を先延ばししていました。そんな私に、夫はとうとうしびれを切らしたようです。

夫はなぜか妙に急いでいました。

「ここにサインと判子ちょうだい。早く、早く」

不思議なもので、目の前の人が急いでいると、こちらも急がないといけない気がしてきます。急かされるままに、私はあたふたと婚姻届にサインをし、ポチッと判子を押しました。

あの日、夫が焦っていた理由はあとになってわかりました。夫はお寺で生まれ育ちました。お寺にはクリスマスがありません。小さい頃から夫には納得がいかなかったようです。世間の人は、十二月二十四日にイチゴののったケーキとプレゼントでお祝いをしている。なぜ、自分は国をあげてのこのお祭りに参加できないのか。そこで夫は考えました。

「そうだ。十二月二十四日を結婚記念日にすれば、ケーキが食べられる」

慌ただしく婚姻届を提出した後、私は東京の会社を退職し、京都の中央仏教学院で浄土真宗の教えを学び始めました。京都で一年の学びを終えたときには、得度をして形ばかりのお坊さんになっていました。広島のお寺に引っ越した翌日には、衣を着てお参りするようになりました。

「東京の会社員から一転、広島のお坊さんになりました」と言うと、「よほどのご決意でしょう」と言われます。でも、あの日焦って、ポチッと判子を押しただけなのです。「ご住職の尊いご教化《きょうけ》のたまものですね」と言われます。しかし、夫は私を教化しようとしたわけではないのです。十二月二十四日をケーキとプレゼントでお祝いしたかったのです。

それでも、不思議なご縁で私は今、仏道を歩ませていただいています。「仏法に出遇う」というとき、「遇」の字を使います。この字には、「たまたま」という意味があります。たまたまだけれど、あうべくしてあうのです。偶然だけれど、必然なのです。真理に暗い私たち衆生の側から見ると、偶然に見えます。けれども、仏さまの側から見ると必然なのです。仏さまが、遠い過去から「早く仏法に出遇っておくれよ。目覚めておくれよ」とよびつづけてくださり、ようやく機縁が熟して、ここに出遇うことができたのです。

誠に、仏さまの巧みなお回しあってこその出遇いでした。

34　年賀状

忘れられない年賀状があります。十年近く前、友人のお坊さんからいただいたものです。「謹んで新年のご挨拶を申し上げます」に続いて、次のように書かれていました。

「昨年　母がお浄土に往生させていただきました。

お念仏の教えをいただいたものは、命終えたそのときに、お浄土という仏さまのおさとりの世界に生まれさせていただきます。お浄土は、阿弥陀如来《あみだにょらい》の智慧と慈悲の光に満ちあふれた世界であり、そこで私たちは先だって行かれた方とまた会うことができるのです。仏さまになった母に再び会えるお浄土に思いをはせながら、今後はより一層、仏さまの教えを聞き続けて参りたいと思います。

昨年は、ひとかたならぬご厚情に預かり厚く御礼申し上げます。本年も変わらぬご交誼の程お願い申し上げます」

年賀状を読みながら、学生時代のやんちゃな友人の様子とともに、友人のお寺でお会いしたお母さまの様子を思い出し、なんとも言えない気持ちになりました。お母さまは当時すでに療養生活をされていて、体調が思わしくないにもかかわらず、息子の友人に対して精いっぱいのおもてなしをしてくださいました。五十歳にも届かないと思われるご往生でした。

浄土真宗の教えを知るまでの私は、家族が亡くなった際に「喪中はがき」を出すのが当たり前だと思っていました。日本には、「死」を穢《けが》れととらえ、近親者が亡くなった場合、死が波及しないように一定の期間「喪に服す」風習があります。喪に服すのは、死を悼《いた》み、身を慎《つつし》むためでもあります。一方、年が明けることをめでたいこととして、喪中に年賀状のやり取りを控えるために、年の瀬までに喪中はがきを送るのです。

けれども、浄土真宗の僧侶である友人は、「喪中はがき」を送りませんでした。年賀状のやりとりを控えるための「年賀欠礼はがき」も送りませんでした。友人はあえて元旦に届くように、お母さまのご往生を知らせる新年の挨拶状を送ったのです。

お念仏の教えには、「喪中」という言葉はありません。念仏者にとって「死」は穢れではありません。念仏者は「死」を、浄土に生まれ仏になるための尊い機縁であると受け取らせていただきます。浄土に生まれたのちは、すぐさま迷いの世界に還《かえ》りきて、縁ある方を仏にするためにはたらきつづけるのです。

念仏者だからといって、大切な方を失った悲しみや寂しさが急に癒えるとか、何かに取って変わるということはありません。悲しみは悲しみのままに、寂しさは寂しさのままに、アミダさまの大悲によって救いとられ、必ずお浄土で再会することをよろこぶことができるのだと、友人に教えてもらいました。

友人のお母さまにお会いしたのは、一度だけです。けれども、そんな私にまで、時間と空間を超え、お浄土を指し示して「仏にせずにはおれない」とたえずはたらきかけてくださっている、そのように感じるのです。

35 鬼は内

最近は、すっかり夫婦ゲンカをする体力もなくなってきた私ですが、子どもが生まれた頃はよく夫婦ゲンカをしたものです。今となっては、理由も思い出せないのですが、たいてい「私は大変だったのに、あなたはわかってくれなかった」と文句を言って、それに対して相手は「はっきり言ってくれないとわからない！」と返し、私は「なんでいちいち説明しなきゃいけないの！」と続いていく……。

ケンカの当事者というのは、お互い自分こそが世界の法則であり「正しい」と思っています。そして相手の立場や事情にはとんと思いが至りません。「自分が間違っているかもしれない」と考える人はそもそもケンカをしないのです。

息子が一歳半の時、息子の目の前でケンカをしたことがありました。言葉の応酬の最中、息子が私の方に来て、私の両手を合わさせて「ナムナム……」と言ったのです。

その瞬間、夫も私も恥ずかしさでいっぱいになり、あっという間にケンカは止みました。息子の目には、「自分こそは正しい、相手が間違っている！」とコブシを振り上げる私が鬼の形相に映ったのでしょう。母親の穏やかな表情を取り戻したかった息子は、私に合掌させて「ナモアミダブツ」と称えさせることを思いつきました。まだ「ナモアミダブツ」と発音することすらできない息子にさとされたようで、今となっては恥ずかしい思い出です。

思えば、胸の前で手を合わせて「なんだとー」「このやろー」と怒っている人は見たことがありません。合掌とは、目の前の相手や目に見えない存在に対して「敬《うやま》います」「順《したが》います」という思いの表れなのです。

合掌して「ナモアミダブツ」と称えることは、アミダさまを敬い順うことになります。この時、私の頭に思い浮かぶのは、アミダさまの光に照らされている自分自身の姿です。アミダさまの浄らかな光に照らされると、怒りに燃える私の姿がくっきりと浮かび上がり、「恥ずかしい」という気持ちがわいてきます。太陽の光に照らされた窓ガラスを見ると、ホコリや水滴の跡まではっきり見えるのと同じです。ナモアミダブツは、鬼となった私の姿を見せてくれます。
石見《いわみ》の妙好人《みょうこうにん》※・浅原才市《あさはらさいち》さんはこんな歌を残しています。

うちのかかあの寝顔をみれば、
地獄の鬼のそのまんま、
うちの家にゃ鬼が二匹をる、
男鬼に女鬼、
あさましや…………………（二頁位続く）、
（楠恭編『妙好人才市の歌』法蔵館、二三九頁）

夫婦ゲンカをした夜に、奥さんの寝顔を見たら鬼に見えたのでしょう。けれども才市さんは鬼が一匹とは言っていません。鬼が二匹と言っているのです。「自分は正しい、相手が間違っている」と考え、怒りの心を起こす自分自身こそ鬼であるとおっしゃっているのです。

「鬼は外　福は内」

節分になると、近所の子どもの声が聞こえてきます。そのたびに才市さんにこう言われているようです。

「鬼は外にいるのではありません。自分の内にいるのです」


妙好人…その言行をもって周囲から尊敬された篤信の念仏者。浅原才市のほか、大和の清九郎、讃岐の庄松、因幡の源左らが知られる。

36 サングラス

お一人でお参りされていた方が、おつとめの後、ポツッとおっしゃることがあります。

「やっぱり、許さなきゃいけませんかね……」

その方が背負ってきた苦悩の深さを物語るお言葉です。よほど腹に据えかねた人がいらっしゃるのでしょう。人知れず怒りと憎しみを内に抱えながら生きてこられたのでしょう。許せない相手がどなたなのか、わかる場合もあれば、まったくわからない場合もあります。もしかしたら、その腹に据えかねた人のご命日をこうして欠かさずお参りされているのかもしれません。ご命日にお参りするほどご縁が深いからこそ、その人への思いは愛にもなり憎しみにもなるのです。

そんなとき私は、このように申し上げることにしています。

「許せませんよね。自分を傷つけた相手を許すことは、できないですよね」

私たちは、おぎゃーと生まれた瞬間からサングラスをかけて生きているようなものです。このサングラスは生涯はずれることはありません。サングラスのブランド名は、「ジコチュー」です。「自己中心的《じこちゅうしんてき》」という意味です。私たちは、自分を中心にしか、世界を見ることができません。どのような人であれ、「ジコチュー」サングラスを通してしか、世界を見ることができないのです。

「ジコチュー」サングラスは、相手や物事が自分にとって都合が良いか悪いかで判断します。相手が自分にとって都合が良ければ「良い人」、都合が悪ければ「悪い人」になるのです。念仏者といえども、このサングラスをかけて生涯生きることに変わりありません。

しかし、お念仏の教えに出遇った人は、この世の命を終えるとお浄土に生まれ仏さまにならせていただきます。そのときはじめて「ジコチュー」サングラスがパカッとはずれます。すると、光輝く真実の世界が見えてきます。

仏さまには超能力があり、相手の前世を見ることができると言われています。相手がどのような生を生まれ変わり死に変わりしてきたのか、すべて見通すことができます。

どのような家庭環境でどのような親に育てられたのかを知ります。また、仏さまの超能力は、相手の心の中を見ることも可能にします。すると、相手がどのような苦しみと悲しみを抱えて生きてきたのかがわかります。そして自分を傷つけた言動の背景に底知れぬ苦悩を見ます。

すべてを見通したときに仏さまは、その相手を「許さずにはおられない」と思うのです。それだけでなく、苦しみ悩む相手を「救わずにはおられない」という境地に到ります。

念仏者であっても、自分を傷つけた相手を簡単には許せないでしょう。けれども、「死んでも許せない」とはなりません。念仏者は、命終えたら必ず仏となり、大いなる慈悲の心から、ご縁のある方を救いとるはたらきをするのです。「死んだら許せる世界が待っている」、それがお念仏の教えです。

37 子育て

あるとき、お坊さんがこのように話されました。

「アミダさまは、あなたを一人子《ひとりご》のように、いつまでもどこまでも見守り、育んでくださる仏さまです。どんなあなたであっても見捨てることはありません。それはまるで、我が子を思う母のようです」

私の心は、後ろめたい気持ちでいっぱいになりました。私自身は二児の母です。最初に妊娠したときは「アミダさまのように、慈《いつく》しみ深い母親になろう」と思ったものです。しかし、子どもが生まれてすぐ、自分が子育てを甘く見ていたことに気づきました。

当然ですが、赤ちゃんはよく泣きます。「お腹《なか》がすいた」「おむつがぬれた」「眠い」と、まるで理不尽な命令をする上司と二十四時間三百六十五日一緒にいるような気分です。我が子ですから、退職願を出すわけにもいきません。

ある晩、いつものように息子の泣き声で目が覚めました。昼間の子育てでクタクタの私は、「今日は、聞かなかったことにしよう……」と布団をかぶって寝ようとしました。アミダさまのような母親であったなら、泣いた子どものところへすぐさまかけつけ、抱きかかえてお世話をしたことでしょう。

小学校に入った娘が、息せき切って帰ってきたことがありました。娘は目をキラキラ輝かせ、学校で席替えをしたことを大事件のように話してくれました。しかし、仕事のことで頭がいっぱいだった私は、思わず「ふーん」と上《うわ》の空で返事をしてしまいました。アミダさまのような母親だったなら、娘の驚きとよろこびを我が事のように感じ、娘の話に耳を傾けたことでしょう。

ある朝、息子が宿題の日記が書けなくて、机の前で固まっていました。学校に行く時間が迫っています。焦った私は言いました。

「何も書くことがないときは、『今日は何もありませんでした』って書いてもいいのよ。そうだ。昨日、妹にプリンを食べられて泣いていたじゃない。そのことを書いたら？」

息子の目からポロリと涙がこぼれました。小学生の男の子です。試合で勝った話は書きたいけれど、プリンを取られて泣いた話など書きたいわけがありません。息子を助けるつもりが、泣かせてしまいました。

アミダさまのような母親であったなら、

「日記に書くことが無い日もあるよね。つらいことがあるなら、話してみて」

と息子に寄り添い、励ましたことでしょう。我ながら、つくづく至らない母親だと思う今日この頃です。

浄土真宗では、アミダさまのことを「親さま」とお呼びします。アミダさまは、私たちをいつまでもどこまでも離れることなく見守り、必ず救いとる存在です。人間の親も子どもも、みんなアミダさまの一人子なのです。至らない親である私であっても、アミダさまは「必ず救う」とはたらきつづけておられます。

親も子どもも、ともにアミダさまに手を合わせ、アミダさまの光に包まれながら、仏になる道を歩ませていただいています。

38

猫が来た

我が家に猫が来ました。この何年も、我が家ではペット論争が続いていました。「猫が飼いたい」と言う子どもたちに、夫が反対していたからです。

「たいてい飼いたいと言い出す人と、実際に面倒を見る人は違う」

「猫の病気や介護に向き合えるのか」

「猫の爪とぎや、いたずらで、仏具が傷つくからダメ」

など、飼えない理由は多々あるようです。

私はといえば、生まれてこの方、生き物を飼ったことがないのでよくわからない、というのが正直なところでした。

そのペット論争も、子どもたちの必死の説得工作でとうとう決着がつき、我が家に生後二カ月の女の子の猫がやってきました。白と黒のしま模様に、大きな目と耳が特徴的な猫です。家族は一瞬で猫の虜《とりこ》になり、猫に始まり猫に終わる日々が始まりました。反対していた夫まで、「僕のことをわかってくれるのは君だけだよ」と、何やらふたりだけの世界を創り上げています。猫の食事やトイレのお世話は、子どもたちが先を争ってしてくれます。

私は時々、甘えてくる猫を膝の上でなで、猫じゃらしで遊ぶぐらいです。大したお世話もしていないのに、夜になると猫は必ず私の布団にもぐりこんできます。

ひと月がたち、気がつくと私はすっかり元気になっていました。猫が来てから持病の腰痛も出ていません。猫との生活で図らずも、私がアニマルセラピーの効果を実感することとなりました。

もっぱら現在の私の悩みは、きたるべき別れについてです。猫の平均寿命は十五歳。いつか必ず迎える猫の死を、私は受け入れられるだろうかと不安になります。ときどきお寺には、愛するペットを失った方が相談に来られます。彼らと同じ疑問が浮かんできました。

「猫は、亡くなった後どこに行くのか。私が命終えたとき、猫と再会できるのか」

寝ころんで悶々《もんもん》と悩んでいると、猫が私の背中を踏み越えてエサに直行していきました。ああ、そうか。「猫が死んでしまう」と悩んでいるのは、猫でも他の誰でもなく、この私自身でした。

迷える衆生を浄土に往生させるのはアミダさまのおはたらき。仏でない私には、自分以外の人の往生はもちろん、猫の往生を判断することはできません。愛と憎しみの感情を抱えて苦悩する私が、確かにお浄土へ生まれるかどうか、私自身のいのちのゆくえをアミダさまの教えに聞いていかなければならなかったのです。

親鸞聖人はご著書である『顕浄土真実教行証文類《けんじょうどしんじつきょうぎょうしょうもんるい》（教行信証《きょうぎょうしんしょう》）』に『大阿弥陀経』のご文《もん》を引かれています。

諸有《しょう》の人民《にんみん》、蜎飛蠕動《けんぴねんどう》の類《たぐい》、阿弥陀仏《あみだぶつ》の光明《こうみょう》を見《み》ざることなきなり

（『註釈版聖典』三四一頁）

「蜎飛」とは飛びまわる小虫、つまりハエや蚊などの羽虫です。「蠕動」とは地面にう

ごめく虫のことで、みみずやうじ虫を指します。あらゆる人々をはじめとしてさまざまな虫のたぐいにいたるまで、アミダさまの光明を見たてまつらないものはいないのです。生きとし生けるものを照らし、仏にしたいと願われているアミダさまです。我が家の猫にも必ずや最適なお手立てをご用意されていることでしょう。

39 ドラマの観賞法

最近、ママ友に勧《すす》められて動画配信サービスに加入しました。おかげで海外ドラマや映画、アニメを定額で好きなだけ見ることができます。

この海外ドラマ、見方によっては仏教の教材として実によくできています。お坊さんが脚本を書いているのではないかと思うほどです。

仏教には「五戒《ごかい》」といって、在家の信者が日常、守らなければならない戒律《かいりつ》がありま す。けれどもドラマの主人公は、次にあげる「五戒」をことごとく破っています。

不殺生戒《ふせっしょうかい》＝生き物を殺してはならない。

実際に殺さなくても殺意をおぼえたらダメ。

不偸盗戒《ふちゅうとうかい》＝他人のものを盗んではいけない。

不邪婬戒《ふじゃいん》＝不道徳な性行為を行ってはならない。
不妄語戒《ふもうご》＝嘘をついてはいけない。
不飲酒戒《ふおんじゅ》＝お酒を飲んではならない。

たとえば、恋愛ドラマなら一定のパターンがあります。

▽登場人物が浮気や不倫をする（不邪婬戒と不偸盗戒を破る）↓隠そうとして嘘をつく（不妄語戒を破る）↓お酒を飲んで憂さ晴らしをする（不飲酒戒を破る）↓理性をなくし、同じ失敗を繰り返す（再び戒律を破る）↓他人の恨みを買う（不殺生戒が破られる）

登場人物は、自ら戒律を破ることでトラブルを招き、「なぜこんなことになってしまったのか」と悩み苦しむのです。戒律を破ってトラブルを招くという海外ドラマに対し、日本のドラマはもう少し複雑な様相を呈します。

例えば日本の恋愛ドラマでよくあるのが、主人公が親友と同じ人を好きになってしまい、親友のために自分の恋愛をあきらめるパターン。あるいは、好きな相手には海外勤務の夢があり、その相手に海外赴任の辞令が出て主人公はプロポーズをあきらめるといった展開があります。

この場合、主人公は戒律を守る、あるいは相手を思いやることによって、自分の思いを抑えこみ、苦しみます。

さまざまなドラマを見て思うのは、人間は、戒律を破って苦しむと同時に、戒律を守ろうとしてまた苦しむ生き物だということです。

などと考えながらドラマを見ていると、たちまち時間は過ぎ、子どもが部屋に入ってきて、焦ってタブレットのカバーを閉じる始末。子どもには「テレビばっかり見ないの!」と叫びつつ、自分はドラマにすっかりはまっています。

「五戒」とは別に、在家信者が特定の日に守るよう示された「八斎戒《はっさいかい》」には、「芝居を観たり聴いたりしてはいけない」という「不歌舞観聴戒《ふかぶかんちょうかい》」という戒律があります。

私は、自分を戒《いまし》めるために動画配信サービスをしばらく封印することにしました。しかし、ちょっと時間ができるとドラマの続きが見たくてたまりません。

戒律を守れない私、戒律を守ろうとして苦しむ私。こんな落ちこぼれの私を救いたいと願われたアミダさまが、お念仏となって私に寄り添ってくださっています。

40

私のためのお念仏

たいてい私は楽しく原稿を書いているのですが、時々、「書くことが無くなってしまうのでは」と不安になります。そして、そんな不安を打ち消すかのように仏書をめくり始めるのです。

仏教の目的はさとりを目指すことなのに、原稿を書くために仏教を勉強するのですから、完全に目的をはき違えています。そう思いながらも、家事・育児の合間にインド・中国の仏教思想史の本や、唯識《ゆいしき》・倶舎《くしゃ》の本を開いてみるのです。

子どものお迎えに行き、車中で待っている間。ご法事でご門徒さんがお寺にいらっしゃるまでの待ち時間。台所で鍋に水を沸かしている間。そんな隙間時間に、チョコチョコ仏書を読もうとするのですが、これがまったくはかどりません。

読んだところにしおりをはさみ、時間を置いて本を開くのですが、ページのどこまで読んだか忘れ、同じところを何度も繰り返し読んでいます。三歩進んで二歩下がりながら、ようやく後半に差しかかるのですが、その頃には前半に何が書いてあったかすっかり忘れている始末。

そもそも仏教は、インド・中国・日本の高僧方が生涯をかけて求めたさとりへの道の集大成です。中でも唯識・倶舎は、「唯識三年、倶舎八年」と言われるほど、専門家が何年もかかりきりで研究する難解な教えです。それを主婦業の合間にキッチンのカウンターでしようというのですから、無理があります。

しかも私は、もともと記憶力が悪い上、中年になってさらに物忘れが増えました。そんな自分に嫌気がさし、夕食の時間につい愚痴をこぼしたことがありました。

「まとまった時間があればいいのに」

「記憶力が良ければなぁ」

聞いていた夫が言いました。

「お念仏は、まさにそんな我々のための行《ぎょう》じゃなかったっけ？　日々の生業《なりわい》に追われ仏教が学べない、戒律が守れない、修行ができない、そういう人のために法然《ほうねん》聖人はお念仏の教えを説いたんだよ」

その言葉で、はたと我に返りました。法然聖人は「智慧《ちえ》第一の法然房」と称される天才で、一切経《いっさいきょう》を何度も通読されました。しかし、三十数年の厳しい求道《ぐどう》にもかかわらず、生死《しょうじ》を超える道を見いだせませんでした。そんな時、善導大師の『観経疏《かんぎょうしょ》』の一文を読み、アミダさまの本願によって、どのような者も念仏一つで救われていくことを信知し、回心《えしん》されたのです。

そして、それまで戒律を守って修行しなければならないとされてきた仏教を、戒律を守ることも修行することもできない人々のために開かれたのです。法然聖人がいらっしゃった吉水《よしみず》の庵《いおり》には、僧侶や貴族だけでなく、それまでさとりの道から外れているとされた武士や女性や庶民が聖人を慕って押し寄せたそうです。

私はニンニクとお酒で味付けされたお肉をいただきながら、自らが戒律を守れない人間であること、日々の生活に追われて修行もままならない身であることをつくづく実感しました。お念仏の教えは、このような私を救う教えだったのです。

41 仏花

気配を感じて振り向くと、そこに花があった——という経験が何度もあります。それは、花壇に植えられた向日葵《ひまわり》だったり、自生した桜だったり、またある時は、花瓶に生けられた百合《ゆり》のこともありました。

それはたいてい、気分がどうしようもなく沈んでいる時でした。花は言葉を話しません。見返りを期待することもありません。しかし、そこにただ「在る」だけで、私たちを慰《なぐさ》め癒やしてくれます。

「拈華微笑《ねんげみしょう》」というお話があります。「拈華」とは花をひねるという意味です。お釈迦さまがお弟子たちに説法しているとき、一本の金波羅華《こんぱらげ》の花をひねって見せたのですが、弟子たちはその意味を理解できず沈黙していました。ただ一人、摩訶迦葉《まかかしょう》だけがその意味を理解してにっこりほほえんだといいます。一本の金波羅華の花が、私たちに、言葉や文字を超え、理屈や分別《ふんべつ》を超えたさとりの世界を示してくれています。

言葉には物事を分ける役割があります。勝つ―負ける、優れている―劣っている、正しい―間違っている、美しい―醜《みにく》い、生きる―死ぬ……。その中で私たちは、自分に都合のよいほうだけを選び取ろうとあがき、それがかなわないと落ち込みます。けれどもコインの裏表のように、物事は本来分けられません。どちらか一方だけを取ろうとしても、必ず反対側もついてきます。コインの両面をそのまま受け入れ全てを包み込むことを、おさとりというのでしょう。

仏さまには、蝋燭《ろうそく》とお花をお供えします。蝋燭の灯りは仏さまの智慧を、仏花は仏さまの慈悲を表しています。「お墓やお仏壇のお花がすぐ枯れる」と嘆《なげ》く方にはこんなふうにお話しします。

「お花が枯れたからといって気に病む必要はありません。枯れた花を必死に取り除かなくても大丈夫。私たちも必ず年を取り、命を終えていかなければなりません。老いも死も私たちの一部です。枯れていく花は、私たちに『無常の理《ことわり》』を教えてくれているのです」

と言いつつ、ご法事の朝、本堂の仏花が一斉にうなだれていたりすると、顔から血の気が引きます。いくら「諸行無常《しょぎょうむじょう》」とはいえ、しおれた仏花の前で、おつとめをする度胸はありません。何より堂内が騒然としそうです。

今までお花を長持ちさせるために、あらゆる方法を試しました。花瓶を念入りに洗う。氷を浮かべる。保冷剤を入れる。銅イオン水を入れる。しかし、猛暑が続くと、新鮮なお花もあっという間に無残な姿となります。せめてもう少し、お花を長生きさせてあげる方法はないものか……。

今朝はとうとう、本堂の仏花が夢に出てきました。なぜか夢の中のお花はいつまでも生き生きとして新鮮です。近づいてみると、花瓶から電源コードが出てコンセントにつながっています。おお、保冷機能付きの電気花瓶なのか！

なんとかこれを実用化できないものかと思案する今日この頃です。

42

お袈裟

六月から九月まで、お坊さんは夏の衣を着ます。この間、外側に着る布袍は、絽《ろ》や紗《しゃ》などの透ける素材です。要はシースルーなので見た目は涼やかです。けれども黒い衣を通して透けているのは素肌ではなく、あくまで下の白衣です。真夏に下着・襦袢《じゅばん》・白衣・布袍・袈裟と五枚重ねているので、暑くないわけはありません。

気温の高いインドでは、仏教僧は、糞掃衣《ふんぞうえ》と呼ばれる一枚の布をぐるぐると体に巻き付けて生活していました。これがお袈裟の起源です。仏教が中国に伝わった時、糞掃衣一枚では寒いので下に日常着を着るようになり、その風習が日本にも伝わりました。日本も急速に温暖化している昨今、お坊さんの服装も、糞掃衣あるいは袈裟一枚に戻ってよいのかもしれません。しかし、日本のお袈裟は小さくなり過ぎていて、さすがにこれ一枚では外を歩けないでしょう。

仏教僧の衣を最初に定めたのはお釈迦さまです。初期の仏弟子たちは、自由な服装をしていました。当然、衣装持ちの人や派手好みの人がいます。中には「質素」を勘違いして裸の人まで出てくる始末でした。また、バラモン僧と仏教僧の見分けがつかないという問題も起こります。

そんなある夏の日、お釈迦さまは旅の途中で、美しい水田の風景を目にします。そして、お弟子のアナンに提案しました。

「アナンよ。この水田の形を模《も》して仏弟子の衣服を作ることができるか」

そしてアナンが考案したのが、複数の布を縫い合わせて田の形にした僧服です（『釈氏《しゃくし》要覧』より）。

布には、汚物を掃《はら》うぐらいしか使い道がなくなったボロきれを使用しました。これが糞掃衣と呼ばれるゆえんです。色も、濁《にご》った色にわざわざ染めて着用しました。身に着ける本人が足るを知り、欲の心を離れるように、また周囲の人が妬《ねた》みや盗みの心を起こさないように、細心の注意を払って定められたのです。糞掃衣は、まさしくお釈迦さまのみ心を伝える尊い衣です。

この糞掃衣が国と時代を超えて、日本のお袈裟に変貌を遂げます。現在、浄土真宗のお坊さんは場面に合わせて、七条《しちじょう》袈裟、五条袈裟、輪袈裟の三種類のいずれかを身に着けます。よく見ると確かに七条袈裟や五条袈裟、そして輪袈裟も、何枚かの布をパッチワークのように縫い合わせてあります。

葬儀のとき、お坊さんは七条袈裟を身に着けます。金糸がふんだんに施された豪華で美しい袈裟です。見るたびに、『仏説阿弥陀経』の中の、金・銀・宝石で彩られた麗《うるわ》しいお浄土を思い浮かべます。お浄土は、すべてのいのちが光り輝く世界であり、信心をいただいた人が命終えて生まれゆく真実の世界です。

二五〇〇年前の質素な糞掃衣は、私に欲を離れる大切さを教えてくれる尊い衣です。そしてまた現代の華やかな七条袈裟も、私をお浄土へと誘《いざな》う尊い衣なのです。

43 料理

かつてコンサルタントだった私は、「効率《こうりつ》」「時短《じたん》」「改革《かいかく》」という言葉が大好きです。新型コロナウイルスの感染拡大によるステイホームの期間、一念発起して家事の効率化に取り組みました。手始めに日常の家事をリストアップし、一つの家事に要する時間を記録します。結果、一日で私が家事に費やす時間は百七十分。そのうち最も時間をかけているのは料理で七十分でした。家事の効率アップを目指すなら、料理から見直すのが定石《じょうせき》です。

そこで私は、書籍やネットの情報を読みあさり、時短レシピを研究。電子レンジや自動調理器を活用した料理改革に取り組みました。あらゆる時短ワザを駆使して料理の時間を一日七十分から五十分まで短縮しました。しかし、これ以上縮めることができません。自動調理器といっても、野菜をカットしたり調味料を入れたり盛り付けたりする部分は自動ではないのです。

思い浮かぶのは、『仏説無量寿経』に描かれる、お浄土の食事の様子。お浄土では食事をしたいと思うと、次の瞬間、パッと目の前に豪華な料理が並びます。しかし、欲を離れたお浄土の住人が、そのご馳走に手をつけることはありません。目で見て香りを嗅いだら満足します。そして料理は消えてなくなります。つまり、お浄土には料理や後片付けがありません。私のように家事が苦手な人間は、「なんと素晴らしい！」と思ってしまいます。

しかし考えてみると、お浄土の住人は欲を滅した存在。食事をしたいという欲もないはず。つまり、お浄土の優雅な食事は、この私を浄土に生まれたいと思わせるための巧みな演出なのでしょう。仏さまのおはからいは見事に成功していると言えます。

そんなことを考えながら料理をしていると、娘が「ねぇねぇ、ママ。聞いて、聞いて」とやってきました。調味料の量を計算していた私は、つい「ちょっと待って。後でね」と言いそうになり、はたと我に返ります。

私は一体何のために時短を目指しているのでしょう。家事の時間を短縮して、結果として親子の会話すら短縮しようとしているではありませんか。私が節約した時間は一体どこに消えているのでしょう。

思えば、私はいつも、「早くこの料理を終わらせなければ」と先を急ぎ、「この調理器具をもっと早く買っていれば、どれだけ時間が浮いたか」などと過去を悔い、目の前の料理に向き合っていなかったのです。

過去を悔い、未来を憂《うれ》い、現在を生きていないのは、料理に限ったことではありません。仏教では、過去も未来も幻であると説かれます。私に与えられた時間は「今」しかありません。『華厳経《けごんぎょう》』によると、今という一瞬に永遠が凝縮《ぎょうしゅく》され、永遠の中に一瞬が満ちているといいます。

目の前のニンジンを乱切りにするこの一瞬一瞬こそ、いのちの恵みにあふれた尊い時間なのです。そう思いながら料理をすると、いつになく不思議とスムーズに料理が完成しているのでした。

44

ロープウェー

宮島《みやじま》といえば、海に浮かぶ厳島《いつくしま》神社の大鳥居《おおとりい》が有名ですが、その背後にそびえる弥《み》山《せん》も、古来より信仰の対象として多くの旅人を惹きつけてきました。弥山には手つかずの原生林が広がり、その中に歴史ある神社仏閣が点在します。

何年か前、友人が一緒に弥山に登ろうと誘ってくれました。山頂までは、徒歩とロープウェーの二つの方法があります。アウトドア好きな友人と彼の三歳の息子さんは徒歩ルート。私も、三歳の娘と徒歩ルートに挑戦するつもりでしたが、当日の朝起きると、ひどい頭痛がします。しかも前日、娘の運動会で張り切り過ぎたせいか、体が鉛《なまり》のように重たいのです。お断りの電話を入れようか迷いましたが、弥山の山頂からのぞむ景色をあきらめきれず、ロープウェーで登ることにしました。

私は鎮痛剤を口に放り込み、娘と宮島に向かいました。娘は初めて乗るロープウェーに興奮してキャッキャ言っています。傍らで座席に倒れこんで眠りこける私。気がつくと終着駅に着いていました。ロープウェーを降りて原生林を抜けると、突然、山頂が現れます。目の前に巨石が連なり、その向こうに瀬戸内の海——まさしく絶景です。

展望台で休んでいると、登山姿の友人と息子さんが到着しました。彼らは朝五時に自宅を出発し、四時間かけて徒歩で登ったといいます。彼らが見たという珍しい植物や親子の会話を想像すると、少しばかりうらやましくもあります。

しかし、こちらは朝八時に家を出て、ロープウェーと徒歩の時間を足してもたったの一時間。ロープウェーは圧倒的に早くて快適です。

四人そろって山頂での昼食を楽しみながら、ふと思います。山頂をめざすとき、険《けわ》しいコースもあれば易《やさ》しいコースもあります。今の時代、山頂に設置されたウェブカメラから、自宅に居ながら山頂の絶景を楽しむことだってできます。さとりへの道もいろいろなのです。私たちは、とかく険しい道を行く方が、易しい道を行くよりも価値があるように思います。しかし易しい道は、人間一人一人の根性や体力を問題としません。

ロープウェーは、私のような頭痛持ちで疲労困憊《ひろうこんぱい》の者、赤ちゃんや高齢者だけでなく、アスリートも格闘家も受け入れてくれます。ロープウェーの動力にまかせれば、どんな人もスイスイと旅路を楽しむことができるのです。

紀元二〜三世紀頃、龍樹《りゅうじゅ》菩薩は書かれています。

世間の道路に難しい道と易しい道とがあって、陸路を歩いて行くのは苦しいが、水路を船に乗って渡るのは楽しいようなものである。菩薩の道もまたそのようである
（『十住毘婆沙論《じゅうじゅうびばしゃろん》』意訳）

この世には、安らかな世界に生まれたいと思っても、戒律を守れない人、修行できない人がいます。その人たちのために、アミダさまは易しい道を用意してくださいました。それは煩悩盛んな凡夫も聖者も等しく、アミダさまの力におまかせすることによって、必ず仏になることができる道なのです。

45

仏教こども新聞

子育てをしていると、つい小言が口をついて出ます。

「なんで脱いだ靴下を洗濯カゴに入れないの？　何度言ったらわかるの！　ほんっと、だらしないいんだから～」

私もこんな言葉が喉元まで出かかって急いで引っ込めます。この小言の主語は「あなたは」です。

「あなたは、靴下を洗濯カゴに入れない」

「あなたは、何度言ってもわからない」

「あなたは、だらしない」

と言っていることになります。

コーチング理論では、相手を主語にする言葉をＹｏｕ《ユー》メッセージと言います。Ｙｏｕ

メッセージには、「私が上で、あなたが下」という暗黙の上下関係があるので、子どもが反発しがちです。しかも、子どもの中に、「私は靴下をカゴに入れない、何度言ってもわからない、だらしない人間だ」という自己イメージが植え付けられ、子どもは、かえってその自己イメージ通りに行動するようになるというのです。これでは逆効果です。

そこで私は、心の中でセリフを変換します。

「靴下を脱いだついでに、洗濯カゴに入れてくれるかしら？　そうしたらママ、後で集めなくてすむから、すっごく助かるわ～」

今度は、こちらの要求をストレートに、同じ目線で伝えています。そして、「すっごく助かるわ～」と付け足します。「助かる」の主語は「私は」ですから、これをI《アイ》メッセージと言います。Iメッセージは、私がそのように感じるということなので、子どもも素直に受け取ることができます。しかも、靴下をカゴに入れることで、子どもは相手の役に立つよろこびをおぼえることができるのです。

このYouメッセージとIメッセージの違いは、「仏教こども新聞」（仏教こども新聞社発行）の編集に携わる中で、私自身が教えてもらったことです。

私が「仏教こども新聞」の委員になったのは十二年前。ちょうど第一子が生まれた頃でした。当時、親としても僧侶としても駆け出しの私は、他の委員の指導と助言、原稿を書くために読んだ仏教書と育児書にずいぶん助けられました。

その中で気づかされたのは、子育てとは、つくづく親の煩悩と子どもの煩悩のせめぎ合いだということです。つまり、「靴下を洗濯カゴに入れてほしい」私の煩悩と、「靴下を洗濯カゴに入れるのは面倒くさい」子どもの煩悩がぶつかり合うのです。

次の文章は「仏教こども新聞」のある委員が書いたものです。

「大人と子どもはお互いの不完全さから分かり合えない部分もありますが、だからこそお互いが向き合うことはとても大切です。しかし、大人も子どもも一緒にアミダさまを敬いながら、同じ方向を仰《あお》いで生きていくことはもっと大切なことではないかと思います」

まことに、親も子もともに凡夫であり、アミダさまの子どもです。子どもとともにアミダさまの光に照らされて我が身をかえりみながら、手が合わさる人生を送りたいものです。

46

そのままの救い

長年お聴聞を欠かさず、お念仏の声が絶えない、ありがたい念仏者がいらっしゃいます。その方がご往生された後、ご家族がこんなふうに言うことがあります。

「祖母は、お寺は大事にしましたが、家では母のことをいじめていました」

「祖母は、家に帰ると人の悪口ばかり言っていました。あんなにお聴聞をして、お念仏していたのに、意味があったんでしょうか」

私は内心意外に思いつつも、念仏者の知られざる苦悩を垣間見た気がして、「あのおばあちゃんも私も、悩み多き凡夫だからこそ、より一層アミダさまのお救いは間違いないのだな」と、かえってありがたく思えるのです。

世間の人は、仏さまのお話を聞いたら、心がきれいになって、性格が良くなると考えるのかもしれません。残念ながら、仏さまの教えを聞いても、心はきれいにはならないし、性格も良くはなりません。むしろ、仏さまのお話を聞けば聞くほど、自分の心の醜さが見えてきます。仏さまの光に照らされて、自らの欲・怒り・愚かさといった煩悩がくっきりと浮かび上がります。

確かに、誰かとケンカしたり、人の噂話をしたり、不平不満を言いそうになるとき、ふと仏さまのことを思い出して自分の煩悩に気づき、少しだけ口を慎むような場面はあるかもしれません。仏さまのお慈悲に触れて心によろこびが生まれ、ちょっとだけ人当たりが良くなるかもしれません。でも、それはオマケみたいなもので、ついてくるかもしれないし、ついてこないかもしれません。仏法に出遇っても、煩悩は後から後から顔を出します。

浄土真宗の教えは、良い人間になって救われていくというものではありません。心が浄らかになってお浄土に往生するわけでもありません。アミダさまは、欲と怒りと愚かさの煩悩を抱えたこの私を、「見捨てることができない」と立ち上がり、「そのまま救う」とよび続けていらっしゃいます。自分勝手な人は自分勝手なまんま、根性が曲がった人は曲がったまんま、意地悪な人は意地悪のまんま、アミダさまのみ手に包まれ、お浄土に生まれさせていただくのです。

譬《ひ》如《にょ》日《にっ》光《こう》覆《ふ》雲《うん》霧《む》
雲《うん》霧《む》之《し》下《げ》明《みょう》無《む》闇《あん》

（『日常勤行聖典』一四頁）

正信偈の中でも私が特に好きなご文です。太陽の光が雲や霧にさえぎられても、地上が真っ暗で何も見えないということはありません。空が曇っていても、私たちは働いたりご飯を食べたり生活できます。それは、太陽の光が雲や霧を超えて、私のもとに届いているからです。私の心が煩悩の雲や霧で覆われていても、アミダさまの光明は私にちゃんと至り届いているのです。

「どのようなあなたであったとしても、そのままのあなたを救いたい」というアミダさまの願いに出遇うとき、人は心に真の安らぎとよろこびをおぼえます。そして、他の人に「よい人」とよばれなくても、ただ仏さまのお心にかなう生き方をしたいと思うようになるのです。

47

遊ぶ

社会人には、どうにも気の重い仕事や疲れる仕事があります。

コンサルティング会社に勤めていた頃、ある企業の「イノベーション研修」に携わったことがあります。「イノベーション」とは、「変革」を意味する英語です。目まぐるしく変化する社会の中で生き残るために、企業は絶えず変革を迫られます。核となる理念やミッションはそのままに、それを伝える商品やサービス、仕組み、技術を変革し、新しい価値を社会に提供し続けなければ、企業はいずれ衰退することになるのです。

しかし、組織が大きくなると社員は次第に保守的になり、失敗を恐れてチャレンジしなくなります。そこで、ある企業の経営陣が、イノベーションを起こす風土づくりと社員教育を我が社に依頼したのです。

しかし数カ月後、プロジェクトは完全に暗礁に乗り上げていました。研修を受ける顧客側の社員から、「研修で新しい企画を思いついても、現場で上司が反対する」という声があがっていました。一方、研修を行うコンサルタント側でも、「プロジェクトリーダーの考えに一貫性がなく、ついていけない」と不満が募っていました。研修の雰囲気は最悪、モチベーションも下がりきっていました。

そんな中、一人のコンサルタントが突拍子もない提案をしました。

「研修室に音楽をかけ、お茶とお菓子を用意し、ゲームをしよう。ゲームには、研修と関係ないものも入れよう」と。「なぜそんなことをするのか」とたずねた私に彼は言いました。

「だって苦しいときこそ、遊びが必要でしょ」

彼の意見は採用され、その結果、当日の研修室はパーティー会場のような盛り上がりを見せていました。熱気があふれ、ジョークと笑いが飛び交いました。年齢、性別、役職を超え、多様な意見が活発に交わされ、新規事業のアイディアも生まれました。気がつくと、今まで研修の日には重かった足取りが軽くなり、心躍《おど》るまでになっていました。

「遊び」がチームメンバーの重苦しい心をときほぐし、イノベーションを生んだのです。「遊び」といっても、仕事や勉強に、お茶やお菓子、音楽やゲームが必要ということではありません。人と人との垣根を取り払い、ともにリラックスして無心に取り組むことができれば、大きな力が生まれるのです。遊ぶときに、「将来役に立つから」とか、「上司に言われて仕方なく」遊ぶ人はいません。誰しも遊ぶときは、はからいなく、無心に遊びます。

仏さまが私たち衆生を救済する姿は、「遊ぶように」と表現されます。仏さまは、相手のために無理をしたり、苦しんだりしません。相手を助けているという意識すらありません。自らのよろこびが相手のよろこび、相手のよろこびが自らのよろこび、それが仏さまの境地です。自在に、とらわれることなく、楽しみながらはたらくので、仏さまには、気が重いとか、疲れるということがないのです。

48 占い

「あの人はやめておきなさい。あなたの〝天中殺《てんちゅうさつ》〟だから」

母は、食卓の上に広げた紙を指しながら、強い口調で言いました。私が東京の会社を辞めて広島のお寺の長男と結婚すると言い出したので、さっそく、得意の東洋占星術で二人の相性を占ったのです。母によると、相手は私の運勢を妨げる人だから、結婚は早晩破綻《はたん》するとのことでした。

友人や同僚に結婚退職の話をしたときは、みんな一様に「コンサルタントとしてキャリアを積み、MBA留学までして何を考えているの?」という表情を浮かべていました。自分の選択に誰一人肯定的な反応を示さないので、私はすっかり不安になりました。

そんな折、仕事帰りに銀座の街を歩いていると、やたらと「○○の母」や「占いの館」といった看板が目に飛び込んできます。私はふらふらと、そのうちの一つに吸い込まれていきました。

地下の薄暗い部屋で、占い師は机上のタロットカードをしばらく眺め、それから長いストレートヘアの間から険しい表情をのぞかせてため息をつきました。

「この結婚はうまくいかないでしょう。お寺に入っても、誰もあなたのことを理解してくれないでしょう」

占いの結果は、洋の東西を問わず悲観的なものでした。私は食い下がります。

「でも、もう決めちゃったんです。なんとか悪い結果を回避する方法はありませんか?」

占い師は答えました。

「お祓《はら》いしてもらいなさい」

私は半信半疑ながらも、占い師に教えてもらった神奈川県でも有数の神社に行き、お神酒《みき》とお札《ふだ》をもらって帰ってきました。しばらくしてある日、机の上に置いたお札が、風もないのにパタンと倒れたのです。私は「あぁ、この結婚は絶対うまくいかないんだ!」と感じ、目の前が真っ暗になりました。

あれから十七年。今では夫婦で当時のことを笑って話します。なんだかんだありながら、私は結婚し得度して、広島の浄土真宗のお寺に住んでいます。以来占いはしていません。

かつて結婚を反対され、自分の選択に自信がもてなかった私は占いに頼りました。人は不安を解消するために、何かにすがろうとします。占いやお酒は手軽な手段です。不安から薬やサプリメントが手離せなくなることもあります。地位や名誉、お金、知識があれば、安心できるはずだと考える人もいます。

けれども不安からそれらを追い求めると、不安はますます大きくなります。私が良い例です。将来への不安から占いをし、その結果にまた不安を感じてお祓いに行き、お札が倒れて不安はピークに達しました。迷いはさらなる迷いを呼ぶのです。

お念仏の教えは、私に「浄土に生まれ仏になる」というはっきりした人生の目的地を示してくれました。そのとき初めて私は安心し、将来を占う必要がなくなりました。人生で起きる良いことも悪いことも、私にお念仏申させ仏にならせるためのご仏縁だからです。

49

逆転の発想

お湯を注いで三分で食べられる世界初のカップ麺「カップヌードル」は、日清食品創業者・安藤百福《あんどうももふく》さんらによって開発されました。

戦後の食料不足を解消するために、安藤さんが最初に開発したのが「チキンラーメン」。お湯を注ぐだけで食べられる画期的な商品は大ヒットしました。次に開発されたのが「カップヌードル」。今度は、どんぶりも箸もない、食習慣の異なる世界の人々に、カップに入った麺をフォークで食べてもらおうと考えたのです。そして軽くて丈夫なカップが開発されました。

しかし、工場でいざ麺をカップに収めようとすると、傾いたり、ひっくり返ったりして、うまくいきません。寝ても覚めても考え続けた安藤さんは、ある晩、布団の中で突然、天井がぐるっと回ったような錯覚を覚えます。そして「そうか、カップに麺を入れるのではなく、置いてある麺に上からカップをかぶせればいいのだ」とひらめいたのです。この〝逆転の発想〟によって麺を確実にカップに入れることができるようになり、大量生産が可能となりました。

この話を聞いてなぜか私の頭に浮かんだのは、鎌倉時代の仏教革命でした。当時、仏さまになるには、何度も生まれ変わりながら戒律を守り修行を続け、大乗仏教の修行の位である五十二の階段を一段ずつ上っていかなければならないと信じられていました。しかもこの階段は、たった一度でも怒りの心を起こせば転がり落ちる難しい階段です。法然聖人も親鸞聖人も、比叡山《ひえいざん》でこの階段を一歩一歩上ろうと努められました。

けれども、お二人は気がつかれるのです。階段を上る権利すら与えられず、苦しみ続けるものたちがいることに。日々の糧《かて》を得ることすらままならず、戒律も守れず修行もできず、苦しみ悩むものをこそ救う存在、それを仏さまというのではなかったのかと問うていかれます。

仏教の歴史の中には、先の階段方式とは異なる仏道を示された高僧方がいらっしゃいます。龍樹菩薩は、限られた人しか歩めない難しい道ではなく、みんなが歩める易しい道があると説かれました。天親菩薩《てんじんぼさつ》は、浄土往生を願う信心には、アミダさまの広大な徳がそなわっていると説かれました。それは他力の信心だから、どんな凡夫でも往生できると説かれたのは曇鸞大師《どんらんだいし》です。そして、どんな愚かな者もお念仏一つで救われていくと説かれた道綽禅師《どうしゃくぜんじ》、善導大師、源信和尚《げんしんかしょう》、法然聖人の教えを受け継ぎ、親鸞聖人は確信を得ます。

戒律も守れず修行もできず、仏の階段を一歩も上れないものを救うため、アミダさまは五劫《ごこう》のあいだ思いをめぐらし、永い修行をされ、ナモアミダブツのお念仏にすべてを込めて差し向けられた。だから私たちはお念仏をいただく、つまり信心をいただくことで、階段を飛び越え、必ず仏さまになる位に至る。私が階段を上るのではなく、アミダさまがお念仏となって私のところまで下りて来てくださり私を救いとるのだと。これはまさに仏教界を揺るがす〝逆転の発想〟だったのです。

50

モノサシ

小学生の娘に算数を教えていた時のこと。プリントにズラッとモノサシが並び、空欄に当てはまる数を答えなさいとあります。

よく見ると、一問目のモノサシの一目盛りは十なのですが、それが二問目では五になり、三問目では一というように、モノサシの一目盛りの単位が問題ごとにバラバラなのです。娘には、モノサシの単位がコロコロ変わることが理解できず、見当違いな答えを書いています。私は、娘に問題を説明しながら、内心「大人だって他人のモノサシを理解するのは難しいのだから、小さな子どもに異なるモノサシの問題はわかんないだろうな」と思うのでした。

私たちはそれぞれ、自分のモノサシで他人や自分を測りながら生きています。一人の人間の中にも、たくさんのモノサシがあります。お金、地位、学歴、外見等々。親や学校から学んだモノサシもあれば、本やテレビに教わったモノサシもあります。仲間と共通のモノサシもあれば、自分が経験の中で作り上げてきたモノサシもあるでしょう。

人と人とが出会うとき、それぞれのモノサシがぶつかり合います。結婚生活は、その最たるものでしょう。家事の仕方、働き方、生活習慣、金銭感覚、ありとあらゆるモノサシの違いが浮き彫りになります。

私が広島のお寺の住職と結婚して間もなくのこと、夫が朝食の目玉焼きに、広島の家庭ならたいてい常備してある、あの甘くてドロッとしたソースをかけるのを見て目を見張りました。さらにその上にかつお節をかけたときには思わず「お好み焼きか！」とツッコミを入れてしまいました。関東の私の実家では、代々「目玉焼きには醤油」という伝統をかたくなに守ってきたのです。

私はさっそく、日本の伝統調味料である醤油がいかに目玉焼きにふさわしい選択であるかを力説し、全国規模のアンケートを引っ張り出してきました。それによると、確かに醤油派が過半数を占めています。しかしデータに基づいた私の説得は、夫の「でも、こっちのほうがおいしいよ」の一言で一蹴《いっしゅう》されてしまいました。今では二人の子どもたちが「何にでも合うよね～」と言いながら、天ぷらやアジフライにまでお好み焼きソースをかけています。私は完全にアウェイです。

さすがに、料理にかける調味料が違うからといって別れる理由にはなりませんが、私たちは日々、自分のモノサシで全ての物事を測り、好きだ嫌いだ、勝った負けた、正しい間違っていると判断を下しています。

仏さまは、いのちを測らない、比べない、裁《さば》かないお方です。どのいのちも愛《いと》おしい仏の子として見ていらっしゃいます。ということは、仏さまのモノサシには、目盛りがないのでしょうか？　端っこもないのでしょうか？　つまり、仏さまのモノサシは、点も線もない◯の形なのでしょうか？

私は、手元の十五センチモノサシをつくづく眺めながら、仏さまと自分のモノサシのあまりの違いに思わずため息を漏らしていました。

51

お片づけ

近頃は、空前のお片づけブームです。テレビや雑誌で再三特集が組まれ、「断捨離」「ミニマリスト」といった言葉もすっかり定着しました。

背景には戦後の大量生産・大量消費社会があります。七十年前まで日本は深刻なモノ不足でした。しかし、資本主義社会の発達とともに、企業は工場での大量生産によってコストを下げ、たくさんの商品を安く提供するようになりました。消費者は、広告によって購買意欲を高め、必要なモノだけでなく、欲しいモノ、便利なモノ、安いモノを次々と購入するようになりました。結果、家の中にモノがあふれ、人々はその扱いに困るようになったのです。

社会学者の橋本嘉代氏によると、モノが増えすぎた八十年代にまず注目されたのが「収納術」でした。つまり、あふれかえったモノを家の中になんとか収めようとしたのです。その後バブルが崩壊し経済は低迷しますが、百円ショップやファストファッションの台頭により、人々は引き続き家の中にモノを増やすことができました。

二〇〇〇年代には、『「捨てる!」技術』(辰巳渚著)がベストセラーになり、モノの量自体を減らそうということになりました。以来、捨ててから収納する、「片づけ」が主流になったと橋本氏は言います。

以来今日まで「片づけ」に関する多くの書籍が出され、私自身もそうした本に刺激を受けて、お片づけに励みました。そして、家の中はスッキリしたのですが、心の中はまだなんとなくモヤモヤします。

キリがないのです。片づけば片づくほど、残されたモノまで気になり、それを処分したいと思います。けれども、それを処分しても、すぐ新しいモノが入ってくるのです。

もう一つ私を悩ませたのは、自分のスペースが片づくと、今度は家族のモノが気になることです。夫がどこからか仕入れてきた大量の本。息子の机の上にうず高く積みあがったプリント。娘が引出しに何年も保管しているたくさんのおもちゃのアクセサリー。

そうした家族の大事なモノまで、自分の価値観で判断し、排除しようとする私がいました。

最初は、いらないモノを整理することで、自分の心の汚れもきれいにしているつもりでした。しかし、部屋のチリも心の汚れも、はらってもはらっても現れてきます。そればかりかますます、モノを好きか嫌いか、役に立つか立たないかで判断して処分するようになります。これでは、自分自身のエゴをかえって増大させるばかりです。

お念仏の教えでは、アミダさまは私たちに「心の汚れを落としてからお浄土に来いよ」とはおっしゃっていません。「そのままのあなたを必ず救う」とおっしゃるのです。アミダさまから見たら、私の机の上のモノは、「あってよし　なくてよし」、私の家は、「片づいてよし　片づかなくてよし」なのです。アミダさまの救いにさし障りになるものは何一つないのです。そう思うと、なんだか、机のモノ一つ一つが尊く有り難く思えてきます。

52 選択

「何をしないのかを決めるのは、何をするのかを決めるのと同じくらい大事だ」とはアップル創業者スティーブ・ジョブズ氏の言葉。アップル製品は、その言葉通り機能がとことん絞り込まれ、誰でも直感的に操作することができます。

それにしても、「選び捨てる」ことはつくづく難しいと感じます。エッセーを書くときも一番大変なのが、「何を書かないか」を決めることです。私の作文の方法は、かつて留学時代に習った英語の小論文を基にしているのですが、当時先生からたたきこまれたルールがあります。

まず、結論を明確にすること。例えば、「健康的に体重を減らすには、食事制限と運動のどちらが最適か」と問われたとします。小論文を書くなら、食事制限か運動かどちらか一つを選ばなければいけません。間違っても、「食事制限が六十パーセントで運動が四十パーセント」などと答えてはいけません。このような答え方は、人間ドックのお医者さんの指導としては適切かもしれませんが、論文にはふさわしくないのです。「書く人が迷うと読む人はもっと迷います」とは小論文の先生の言。

もう一つ、結論と関係が弱い内容は思い切って削ること。この工程は、我が身を削るかのような苦痛を伴います。ここでバッサリ削ると、当初の原稿が一気に三分の一〜五分の一まで減ります。

今回削った内容と言えば、会社勤めの頃買った高価なスーツ。結婚後、一度も袖を通していないので泣く泣く売りに行ったら、型が古いとかで数十円だった話。

あるいは、腰痛を治そうと飲み始めた薬。効いたかどうかわからないが、痛みの恐怖からなかなか手離すことができなかった話。

いずれも、私にとっては思い入れのあるエピソードです。けれども、複数のエピソードはエッセーの内容を薄め、メッセージを伝わりにくくしてしまいます。こうして、見えない血を流しながら選び捨てたはずが、読み返すと冗長《じょうちょう》だったり、飛躍があったりと、選び捨てる難しさをいつも痛感します。

八百五十年前、法然聖人は数限りない仏道修行を選び捨て、お念仏一つを行としてすすめられました。聖人はおっしゃいます。

「迷いの世界を離れ、おさとりの世界に生まれるためには、アミダさまのお名前を称えなさい。なぜなら、アミダさまがそのように誓っておられるからです」

法然聖人のおっしゃるとおり、『仏説無量寿経』には説かれています。はるか遠い昔、法蔵菩薩は五劫の間考え抜いた末に誓われました。

「すべてのいのちに我が名を称えさせ、私の国に生まれさせよう」と。

そして果てしない修行の後にとうとうお浄土を完成し、アミダという仏になられました。

自らの力では仏になる手がかりすらない私です。そんな私のために、すでにアミダさまが、最も易しく最も勝《すぐ》れた行を選んでくださっていました。それがナモアミダブツのお念仏なのです。

53 エレベーター

あるとき、私は夢の中でエレベーターに乗っていました。一つの階でエレベーターが停まり、扉《とびら》が開きました。そこは大人の雰囲気が漂うバーラウンジでした。窓はなく、薄暗い部屋をオレンジ色の間接照明がぼんやりと照らしています。バーからは、カクテルを振る音が響いてきます。

ラウンジでは、人々がグラスを片手に思い思いのスタイルでお酒を飲んでいます。リラックスして楽しそうに談笑する人もいれば、酔って呂律《ろれつ》が回らない人もいます。どうやらここは、人間が感じる不安やストレスを、お酒の力で和らげる場所のようです。

私はエレベーターに戻り、次の階のボタンを押しました。扉が開くと、先ほどとは打って変わって、燦々《さんさん》と明るい陽光が降り注ぐ屋外でした。急にまぶしい光の中に放り出された私は目まいを感じながら、舗装された道路を歩いて行きました。美しく豪華な家々が立ち並ぶ住宅街に、ひときわオシャレで住み心地のよさそうな邸宅がありました。

門の前にはトレーが置いてあり、コインやお札がのっています。どうやらお金をそこに置いてから入る決まりのようです。ポケットから小銭を取り出して置くと、門は自動的に開きました。ドアの前にもトレーが置かれていたので、また小銭を置きました。玄関を通ると、いくつも部屋が並び、すべての部屋の前にトレーが置いてありました。もちろん、トイレの前にも。ポケットにはもう小銭はありません。トイレに行きたくなったら大変！　そそくさとエレベーターに戻ろうとしたところで、目が覚めました。

二番目の世界は、明るくて居心地が良さそうでしたが、すべての物事をお金で解決する場所でした。

エレベーターには無数の階のボタンが連なり、一体どこまであるのかわからないほどでした。他の階はどんな世界なのでしょう。きっと、「学歴や地位がすべて」という世界もあるでしょう。「健康第一」の世界もあるはずです。「ＳＮＳで友だちからたくさん『いいね』をもらえたら幸せ」という世界もありそうです。人に親切にするなど、良い行いをする世界もあるでしょう。

私は夢から覚めた後、この建物が私たちの価値観の集合体であることに気づきました。一つの階は、同じ価値観を持つ者が集まった世界。人々は、建物の中をエレベーターで移動するように、複数の世界を行ったり来たりして生きています。中には楽しく心躍る階もあるかもしれません。けれども、私たちの価値観でできあがったこの建物の中に、本当の安らぎはないのです。

仏教では、私たちの住むシャバ世界を「火宅無常《かたくむじょう》」とたとえます。この世は、炎にまかれた建物のように、次の瞬間には滅びてしまう不安な世界だというのです。けれども中にいる私たちは、そのことに気づいていません。アミダさまは、火の手のあがった建物から何としても私たちを救出し、お浄土という真に安らかな世界に連れていかんと、懸命にはたらき続けておられるのです。

54

不安と安心

小学校の頃、エレベーターが大の苦手でした。ロープが切れて落下するのではないか、中に閉じ込められるのではないか、という妄想にさいなまれ、エレベーターに乗ることができませんでした。当時は五～六階の高層階でも、半泣きで階段を上っていたのを思い出します。

不安――それは間違いなく最も不快な感情の一つでしょう。心理学辞典には、「自己価値を脅《おびや》かすような破局や危険の漠然とした予感」とあります。

不安に似た感情に恐怖があります。不安は対象がはっきりしないのに対し、恐怖は対象が明確だという違いがあります。

ただ実際のところ、不安と恐怖の区別は曖昧《あいまい》です。私自身、人生の大半が、そのどちらともつかない感情に覆われていたような気がします。

中学生になると、定期試験が近づくたびにパニックに陥《おちい》りました。試験前に机に向かって教科書を開いても、心臓がドキドキするばかりで何も頭に入ってきません。ただウロウロと家の中を徘徊《はいかい》し、いつのまにか時計は深夜を回り、一日何もできなかったと頭を抱えるありさまでした。

大学に入ってからは、人前で話すのがとにかくダメ。大勢を前にすると、手は汗ばみ、体が震え、頭の中は真っ白。話すべき内容もどこかに吹き飛んでしまいます。

傍《はた》から見ると、もはや喜劇ですが、本人にとっては深刻です。なんとか不安を避けようとして、かえって不安にとらわれてしまうのでした。

不安は本来、脅威やストレスに対する正常な反応です。人類は不安を感じるからこそ、敵から身を守り、災害に備え、生き残ってこられたとも言えます。

しかし同時に、不安は常に人類を悩ませてきました。多くの宗教家や哲学者は、自身が抱える不安に突き動かされて思索《しさく》を重ねてきたのです。

浄土真宗の宗祖 親鸞聖人も、大きな不安を抱えていた人間の一人だったように思います。二十年間にわたり比叡山で厳しい修行に明け暮れても、煩悩を断つことができませんでした。そんなご自身の内面を見つめた聖人は、煩悩を抱えたまま命終えて地獄に落ちることを深く恐れたのではないでしょうか。しかし、法然聖人のもとで、「煩悩を抱えたあなたをそのまま救う」というアミダさまの願いに出遇われます。そして、それまで抱えてきた不安は安心に変わり、お念仏の教えを生涯よろこんでいかれます。

アミダさまは、私たちが不安を抱えていることをご存じです。その上で、「不安を抱えるあなたを、まるごと引き受けた」とよびかけていらっしゃいます。お念仏とはそのアミダさまのよび声なのだと知ったとき、私の不安は少しずつ溶かされていきました。今でも不安を感じることはあります。けれども、不安を感じながらも、エレベーターに乗り、人前に立って話をすることができるようになりました。安心とは、不安を抱えたこの私が、アミダさまに包まれて在ることなのです。

55

驚いたこと

結婚して浄土真宗のお寺に住み始めて驚いたのは、お守りやおみくじやお札が一つも置かれていないことです。占い、お祓い、祈祷《きとう》もありません。お寺の家族は、日時や方角や数字の良し悪しを一切気にしません。

結婚前、私の実家とその周辺では、占い、お祓い、祈祷は日常の出来事でした。日や方角の吉凶もしばしば話題に上りました。

あるとき体調の悪い父が、「今日は日が悪いから、病院に行くのは別の日にしよう」と言うのを聞いて、なんてがまん強い人だろうと思うとともに、病気が悪化しやしないかと心配になりました。

またあるときは、親戚がこんなことを言っていました。

「占い師に『今年は東の方角が悪い』と言われたから、オーストラリア経由でアメリカに行ったわ」

さすがお金持ちは、方違《かたたが》え（外出時の方角の変更）もスケールが大きいと妙に感心したものです。

お葬式の後も決まった習わしがありました。母はお葬式から帰ってくると、玄関先から大声で私を呼んだものです。急いでかけつけると、「早く、早く」と言って私に清め塩を渡します。袋を破ってパッパッと母の喪服に塩を振りかけると、母はようやく敷居をまたいで入ってきました。あたかもこれで、家族の誰もが死を免れられるとでもいった安堵の表情でした。

そんな環境に慣れ親しんだ私が浄土真宗のお寺に入ったものですから、結婚の日取り決めからして想定外の展開でした。「披露宴会場が空いているらしいから、仏滅にしよう」と言い出す夫に対し、「結婚式は大安にするもの」と思っていた私は、出席者が気分を悪くしないか、かなり気をもみました。

お寺の建て替えのときも、家族で風水が問題になることはありませんでした。そもそも誰も風水のことをよく知らないみたいでした。

清め塩に至っては、たまに浄土真宗以外のお葬式でもらっても、使い道がありません。天ぷらの海老にかけるにも、袋に「非食用」と書いてあります。しばらく台所を漂《ただよ》って、結局、お鍋の焦げを落とすのに使うことにしました。

なんだかんだありつつ、仏滅の結婚式からはや十六年。気がつくと、私の周りからお守りもお札も占いもお祓いもキレイサッパリ消え去っていました。今、思い返してみると、結婚前の私はいかに多くの時間と労力とお金をそれらに費やしていたことかと驚かされます。

私たちはとかく人生において、死よりも生、病気よりも健康、失敗よりも成功を選びたがります。そして、自分の選択に不安を抱いたとき、人は占いやまじないに頼りたくなるのです。

けれども、お念仏の教えに出遇った人は知るようになります。自身の生も死も、健康も病気も、成功も失敗も、すべてアミダさまのお慈悲の中にあることを。そして占いやまじないに頼ることなく、アミダさまが必ず仏にすると誓われたいのちを、安心して生きることができるのです。

56

老いに迷う

「昔は布団に入って三秒で眠れたのに、最近、どうも寝つきが悪いのよ」

世間話の合間に私が洩《も》らすと、友人が「最近、これを飲んだらイライラが治まったわ」と、あるサプリメントを薦《すす》めてくれました。「イライラと不眠は違うだろう」と内心ツッコみつつ、薦められたものは何でも試すことに決めている私はその晩、さっそく四錠飲んで寝ました。

結論から言うと、これがよく効きました。翌朝、爽快な目覚めを経験した私は、同時に愕然としました。久しぶりにぐっすり眠ったことで、長い間熟睡できていなかったことがわかったからです。私は、自らに訪れた老いをはっきりと自覚しました。この日から、毎日のサプリメントに、新たに不眠用の錠剤が加わりました。このペースで増えていくと、三十年後にはサプリメントだけでお腹がいっぱいになりそうです。

実は、他にも老いの兆候がありました。例えば最近、コメカミに白いものが目立つようになりました。しかし、じっくり鏡に向き合う勇気もなく、すぐさま美容院に駆け込みカラーリングで白髪は無かったことにしました。

また、夜に本を読もうとすると、どうも字が読みにくくなりました。ためしに近眼用のメガネを外すと、よく見えます。目がどうにかなったのではと心配になり眼科に行くと、医師の口から発せられたのは「老眼ですね」の一言。納得のいかない私は、「老眼って近くが見えにくくなるんじゃないですか。私の場合、近くは見えるんです」と反論。「それでは、ちょっと診てみましょう」とじっくり診察してもらうと、「白内障が始まっていますね」と宣告されてしまいました。以来、眼科には足を踏み入れていません。

こんなふうに老いを拒絶したり、老いに逆らったりすることを「迷い」といいます。僧侶である私は、「世の中のすべてのものは変化するのです」などとお寺でお話ししながら、実際は、自分の老いから目を背《そむ》け、受け入れていなかったのです。あるいはなんとか老いに抗《あらが》おうと努力してきました。

親鸞聖人は、八十五歳の頃のお手紙に記されています。

「年老いて目も見えなくなってきました。何についても忘れがちになり、また人にはっきりと説き示すことができるような身でもありません」

当時は老眼鏡もなく、白内障の手術もなく、聖人のご不便はいかばかりであったろうと思われます。自らの老いを感じて少しばかり弱気な聖人の姿に思わず共感してしまいます。

一方で、聖人の晩年の著述には、アミダさまのみ教えに出遇えたよろこびがあふれています。

本願力《ほんがんりき》にあひぬれば
むなしくすぐるひとぞなき
功徳《くどく》の宝海《ほうかい》みちみちて
煩悩《ぼんのう》の濁水《じょくすい》へだてなし

（『註釈版聖典』五八〇頁）

アミダさまの「必ず救う」という願いに出遇ったなら仏となる身に定まり、もはやいたずらに生まれたり死んだりを繰り返すことはない。宝の海のような功徳が身に満ちみちて、私たちの煩悩の濁《にご》った水も妨げにはならないという意味です。

老いに直面して思わずぼやきながらも、アミダさまの救いに出遇い、必ず仏になる身を心からよろこんでいらっしゃる様子がなんとも魅力的です。念仏者は老いて死に行くいのちを生きているのではありません。仏となるいのちを生きています。

私にとって人生は、ときに老いに迷い愚痴をこぼしながらも、アミダさまとご一緒の安心とよろこびの旅路なのです。

57

再び会う

生きとし生けるすべてのものは、いつか必ず命終えるときが来ます。そのことを知りながらも、私たちは身近な人が突然亡くなると、世界が崩壊してしまうような衝撃を受けるのです。

悲しみ、寂しさ、不安などのさまざまな感情が襲ってきます。怒りの感情が沸き起こることもあります。「なぜ死んでしまったのか」という故人に対する怒り、「なぜ助けられなかったのか」という自分や周囲への怒りです。後悔の念にとらわれる人もいます。「あの時、ああしていれば、こうしていたら」と堂々巡りの思考に陥ります。

介護の期間が長かった場合、残された家族は解放感や安堵感を経験するかもしれません。あるいは、何の感情も起こらない場合もあるでしょう。悲しむべき状況なのに何も感じないといって自分自身を責める人がいます。

心の反応だけでなく、身体症状が現れることもあります。睡眠障害、動悸、震え、食欲不振、視力の低下、体の痛みなど症状は多岐にわたります。本当に重い病気になってしまうこともあります。

仏さまのみ教えを聞き、命のはかなさを知るならば、死をいくらか穏やかに受けとめることができるかもしれません。それでもなお、身近な人の死は、思わぬ心身の反応をもたらすものです。

行き場のない思いをどうすることもできず、仏さまを疑い、同時にすがるような気持ちで仏前に座り、手を合わせることもあるでしょう。ナモアミダブツと称えるかもしれません。けれど、期待していたようなことは何も起こらないのでガッカリするかもしれません。

そんな日々が何年、何十年と続くのでしょうか。けれど、ふと気がつくときが来ます。苦しんでいるのは、亡き人ではなかった。かけがえのない人を失い嘆き悲しんでいるのは、他の誰でもなく私自身であると。その私を仏前に座らせ、手を合わさせ、念仏を称えさせる大きなはたらきがあった。その無限の存在にずっと願われ、よばれ続けてきた。

「どんなことがあっても大丈夫。必ず救う」と。そしてみずからがこの世の命終わるとき、そのはたらきに包まれてお浄土に生まれ仏とならせていただくのです。

親鸞聖人はお手紙に書いていらっしゃいます。

「明法房《みょうほうぼう》が往生なさったことは、うれしいことです」

大切なお弟子さまが亡くなって、苦しく悲しくないはずがないのです。それでも聖人はその往生をよろこばしいこと、尊いこととおっしゃいます。別のお手紙にはこのようにも記されています。

「わたしは、きっとあなたより先に往生するでしょうから、お浄土で必ずあなたをお待ちしております」

ともにお念仏の道を歩んだものはこの世の命を終えてお浄土に生まれ、再び会えるのです。今生の別れを経験して悲しみと寂しさを抱えながら、それでもなおよろこべるのは、お互いに仏さまとして再び会える世界が待っているからなのです。

58

願いごと

「お仏壇に向かってお願いごとしちゃいけないって、本当ですか」

お参りにうかがった先で、ある女性がたずねられます。

「私、何かあると、つい、お仏壇の前に座ってしまうんです」

その方によると、雨漏りがしたときは、亡くなったお父さんに解決策を聞く、モノが見つからないときは、亡くなったお母さんに聞く、というふうに役割分担があるそうです。困りごとを家族に相談するのは、相手がご存命でもよくあることですから、亡くなってからも相談されることがあるかもしれません。

ただ、アミダさまに向かって、「私の願いごとをかなえてください」となると、ちょっと話が違ってきます。みなさんの中には「アミダさまにお願いごとをしてはいけない」と教わった方もいらっしゃるかもしれませんね。これは、「してはいけないというより、「する必要がない」と言ったほうがよいでしょう。アミダさまは、わざわざお願いごとをしなくても、私の心の内をお見通しです。その上であえて私たちの願いごとをかなえようとはされません。

たとえば、「○○学校に合格させてください」とお願いして合格したとして、その後も受験や就職が待っています。あるいは、商売繁盛を願って売り上げが増えても、もっと増やしたくなるのが私たちです。あるいは、売り上げが下がるのではと不安でたまらなくなるかもしれません。

願いごとがかなっても私たちの願いにはキリがなく、悩みは尽きません。なぜなら、私たちの願いごとというのは、個人的な欲望だからです。海水を飲むとさらに喉が渇くように、欲望を満たしても欲望はさらに肥大化していきます。

そうは言っても、万策尽き果て、思わずアミダさまの前でぬかずき、この苦しみから救ってくださるように願ってしまうことが、人生にはあるでしょう。けれども、そんな日々を過ごしながら、いつか気づく日が来るのです。

私の願いは、むさぼりという煩悩であった。今まで願いがかなったといってよろこび、かなわなかったといって落ち込み、こうして迷ってきたのだった。煩悩に振り回される私をなんとか救いとり、煩悩のない安らかな世界に生まれさせようとはたらかれてきたアミダさまであった。「どうか私の願いに気づいておくれ、必ず仏にする」と、あらゆる手段を尽くしてアミダさまは私によびかけていたのだ。私は自分の欲をかなえるのに一生懸命で気づこうともしなかったけれど、ずっとアミダさまの大きな願いの中に生かされていた。

人生が思い通りにいかず、ささくれ立った心で称えるお念仏もあるでしょう。それでもそのお念仏は、「必ず仏にするぞ」とのアミダさまからのおよび声なのです。そう思うと、不足を嘆く気持ちも和らいで、心がホカホカとあたたかくなってきます。人生には、良いことも悪いことも起こります。どのような出来事も、私を仏にするための尊いお手回しと受けとめたいものです。

59

煩悩盛ん

「先日、髪を染めたら、頭や顔がかゆくなっちゃって……。以来、怖くてカラーリングもお化粧もできなくて、嫌になっちゃいます」

「それは大変。染料アレルギーになっちゃったんですね。薬剤を変えなくちゃいけませんね。私は以前、化粧品にかぶれちゃって……。カラーリングやお化粧ができないのはホント困りますよねぇ」

これは、月参りのおつとめの後に交わされた、ご門徒のミエコさんと私の会話です。八十歳のミエコさんと五十歳の僧侶である私の女子トークは続きます。ひとしきり、カラーリングと化粧品の会話で盛り上がると、話題は新型コロナの感染症に移ります。

「まさかこんな感染症がはやるとはねぇ。怖くて外にも出られませんよ」

「ホントに。でもずっと家にいるから運動不足で体がなまりました。人とも話さないから、頭も老化しそうです」

戒律を守って修行に励む宗派の仏教徒がこの会話を聞いたら、おそらくツッコミどころ満載でしょう。仏教には、八斎戒という在家信者が特定の日に守るべき戒律があります。その中に、化粧・香水などで身を飾らないというものがあります。お化粧をしたり髪を染めたりすることは、自分をよく見せようという煩悩を盛んにし、修行の妨げになるとして推奨されなかったようです。戒律を重んじる方からは、「仏教徒なのに身を飾っている」と、ビックリされることでしょう。

また、「頭も体も老化しそう」と老いを厭《いと》う姿も、指摘されそうです。仏教では諸行無常を説きます。すべてのものごとは移り変わり、永遠不変のものは何一つないのです。この世に生を受けた者は必ず老いと病と死を経験しなければなりません。こうした教えを説くはずの僧侶が、「頭も体も老化しそう」と言って盛り上がるとは、何たる不届きと叱られそうです。

何十年も月参りをして仏法を聞き続けてきたミエコさん。そして僧侶になって十六年の私。いまだにお化粧とカラーリングの話で盛り上がる煩悩盛んな二人です。

『歎異抄』の親鸞聖人と唯円《ゆいえん》の会話が思い出されます。

「念仏しても、踊り上がるほどのよろこびの心が湧いてこないし、はやく浄土に往生したいという心もおこってこないのはなぜでしょう」

とたずねる唯円に聖人は答えます。

「唯円房よ、あなたも同じ心持ちだったのですね。大よろこびするはずのことがよろこべないから、ますます往生は間違いないと思うのです」

よろこぶべきことがよろこべないのは、煩悩のしわざだと聖人はおっしゃいます。はやくお浄土に参り仏になりたいと思うどころか、死にたくないとあがき、いくつになっても身を飾り、若さに執着する煩悩の深い者たち。その者たちを憐《あわ》れまれて、アミダさまはご本願を起こされたのでした。そして「そのまま浄土に生まれさせ、必ず仏にする」と、お念仏の声となってよび続けていらっしゃいます。ミエコさんと俗世の会話に興じる私の上にも、アミダさまのお慈悲が注がれているのでした。

60

寂しがり屋の仏教

はて、何を書こうか――。今まで書く内容に困ることはなかったのですが、今回は手が止まってしまいました。

思えば、新型コロナウイルスの感染症拡大に伴う自粛生活で、人とのつながりが希薄になっているのです。子どもの学校の参観日も懇談会も中止。町内会の行事も中止。友人との食事会も趣味の集まりもなくなりました。ご法事や月参りでは、できるだけ会話を控えています。会議は全てオンラインになりました。画面越しに会話できますが、会議が終わってしまえば会話も終了です。雑談はありません。

人との接触が減り、人間関係のトラブルや悩みも減りました。しかし、なんともいえず寂しいものがあります。これを孤独というのでしょうか。在宅ワークや在宅学習で人々が孤独を深めているといいます。私のように、三世代家族で生活し、人とお話しする機会が多い僧侶ですら孤独を感じるのですから、世の中に蔓延《まんえん》する孤独は極めて深刻です。

ところで考えて、ふと思いました。仏道はもともと孤独なものではなかったか——。原始仏典の一つである『スッタニパータ』の中に、「犀《さい》の角《つの》のようにただ独り歩め」という言葉があります。インドサイは単独で生活しますから、犀の一本角は孤独を意味します。心を波立たせる人付き合いを離れ、一人黙々と修行に励みなさいということです。この教えに従い、インドの僧侶は家庭を離れ、瞑想《めいそう》修行によって悟りをめざしたのです。

しかし紀元前後、インドで大乗仏教運動が起こります。お釈迦さまの教えを新たにとらえ直し、従来の仏教に異を唱える人々が現れたのです。彼らは、今までの仏教を、他者のことより自分の悟りを優先するものであると批判し、人々の救済あっての自らの悟りだと考えました。そして、在家も出家もともに仏になることができるとしたのです。

一人で悟ることをよしとせず、在家も出家もみんな一緒に仏道を歩もうとした彼らは、もしかしたら人間大好きの寂しがり屋さんだったのかもしれません。

浄土真宗の僧侶である私に至っては、結婚して家庭を持ち、在家の生活を送りながら仏道を歩もうとしています。犀というより、さながら鹿の角と言ったところです。

しかも、人間だけに囲まれているわけではありません。初期仏教では、仏さまはお釈迦さまお一人だけだったのが、大乗仏教では、宇宙にはガンジス川の砂の数ほどのたくさんの仏さまが存在するというのです。そして念仏者は、命終えるときにアミダさまに抱かれ、たくさんの仏さまの仲間入りをさせていただくというのですから、究極の寂しがり屋といえます。

たったいま、一人ぼっちで原稿に向き合っているように思える私にも、アミダさまがお念仏となって寄り添い、見護ってくださる。さらにそんな私をガンジス川の砂の数ほどのたくさんの仏さま方がグルグル巻きにしてよろこんで護ってくださっている――。

そう思うと、なんだかワクワクしてきました。

61 マーケティング

お坊さんになる前、私はマーケティングのお仕事をしていました。どのような人が何を必要としているのかデータをもとに調査して、提供するべき製品やサービスを考えるのがマーケティングです。なぜマーケティングが必要かというと、組織が大きくなり専門性と技術力が高まると、企業はどんどん生活者から離れていってしまうからなのです。

例えば、パソコンや携帯電話も、高度で複雑な機能を搭載すれば、価格も高くなります。しかし、生活者が本当に求めているのは、機能がシンプルで使いやすく、手ごろな価格の端末だったりします。マーケティングとは、とかく離れがちな企業と生活者の距離をもう一度近づけ、企業が生活者の目線を取り戻すために必要な活動なのです。

人々のニーズが多様化する昨今、一人一人に合わせて製品やサービスを提供するワントゥワンマーケティングが主流です。つまり、一人一人の心に寄り添い、本人すら気がついていない問題を探り当て、解決していくことこそ、究極のマーケティングだといえます。

私が仏教を学び始めたとき、仏教界に素晴らしいマーケッターがいることに驚きました。一人は他でもない、お釈迦さまです。

お釈迦さまは、対機説法《たいきせっぽう》といって、相手の能力や性格に応じて平易な言葉で教えを説かれました。怠けがちな人には、「もっと努力しなさい」と諭《さと》す一方で、頑張り過ぎる人には「もう少し力を抜きなさい」と言ったのです。

現在、八万四千といわれる多くの経典が多種多様な教えを伝えているのは、お釈迦さまが私たち一人一人を深く洞察し、それぞれがさとりに至る最適な方法を示してくださったからなのです。

もう一人は本願寺の第八代蓮如上人です。上人は宗祖親鸞聖人が説かれたお念仏のみ教えを全国に広められた浄土真宗「中興《ちゅうこう》の祖」です。

上人は、み教えをお手紙の形でわかりやすく書き記し、全国のご門徒に送りました。そのお手紙は、講《こう》といわれる組織で、字の読める者が読めない者に読んで聞かせました。

これが現在の「御文章《ごぶんしょう》」です。また、上人はたくさんのお名号《みょうごう》※をご門徒に書いて送りました。おかげで高価な仏像や絵像を持たない庶民も、お名号に手を合わせることができたのです。さらに上人は、本願寺にお参りしたご門徒に、冬は雑煮や熱燗、夏は冷や酒でもてなしたと言われています。そして、それまで僧侶は一段高い席からお説教をするのが通例であったところ、平座《ひらざ》でご門徒と膝を突き合わせてご法話をされました。

こうした、ご門徒の心に寄り添った上人の布教活動によって、お念仏の教えは瞬《また》く間に全国に広まったのです。

仏教の歴史の中で、お釈迦さまや蓮如上人を初めとした多くの先人方が、心を砕き、力を尽くし、一人一人に最適な方法で仏さまのみ教えを伝えてくださいました。そのおかげで私は今、お念仏に出遇わせていただいています。

名号…阿弥陀如来（南無阿弥陀仏）のお名前。浄土真宗の本尊。

62 タペストリー

四十年以上前、小学校に上がる前の私は毎年、母に連れられて横浜にある母の実家を訪れていました。祖父母の家を思い出すとき、真っ先に頭に浮かぶのは、応接間の壁にかかった大きなタペストリー。それは、西洋の若者が馬車を駆って森を進む絵柄でした。その馬車をさまざまな草花が取り囲み、あちこちから妖精のようなあどけない子どもたちが顔をのぞかせていました。その重厚で立体的な絵が信じられないぐらいの存在感で子どもの私に迫ってきて、私はいつもタペストリーの前で立ちすくみ、いつまでも見入ってしまうのでした。

それが外国製のゴブラン織りだと知ったのは最近のこと。ゴブラン織りとは、かつてフランスのゴブラン工場で作られたつづれ織りのことで、今では世界中で作られるつづれ織りの一般的な名称となっています。主な素材は毛や麻。絹糸や金糸・銀糸を使うこともあります。使う糸は数百色にも上ることがあり、その表現の多様性と高い芸術性によってタペストリーや室内装飾に多く使われてきました。

作り方は通常の織物と同様、初めにタテ糸を通し、ヨコ糸を交差させます。ゴブラン織りの特徴は、タテ糸が色とりどりのヨコ糸によって完全に見えなくなることです。豪華な模様は全てヨコ糸によって表現されているのです。

けれども、表から見ることのできないタテ糸が、織物を貫き支える重要な役割を担います。タテ糸が均一な力でまっすぐに張られていること、長さや本数が揃っていることが織物の出来上がりを大きく左右するのです。

タテ糸は本来「経糸」と書きます。「経」という漢字にもタテ糸の意味があります。ヨコ糸は「緯糸」です。仏教徒がよむお経には、「経」の字を用います。経糸が、過去・現在・未来を貫く永遠不変の真理であるなら、緯糸は時間と共に移り変わって行くはかないものです。

経糸が仏さまの教えなら、緯糸は私。経糸が緯糸を貫き通し見事な織物を完成させるように、仏さまの教えは目には見えないけれど、私をしっかりと支え必ずさとりへと導くのです。色とりどりの緯糸は、私の人生で起こるさまざまな出会いや出来事。華やかで楽しい金糸・銀糸もあれば、消してしまいたいような暗く悲しい色の糸もあります。

そんなマダラ模様の日々が仏さまの教えに支えられ導かれ、人生というタペストリーが生み出されていきます。やがてこの世の命が尽き、仏さまに抱《いだ》かれてさとりの世界へと到達するとき初めて、自らが織りなした宇宙でたった一つの作品が立ち現れてくるのでしょう。

仏さまの教えが一貫して流れることで、経験しているさ中《なか》には失敗・挫折・不幸だと思っていた出来事が、自身をさとりに導く尊い手立てとして新たな意味をもってきます。地味で暗い色の糸も、人生という織物を構成する大切な要素であり、それこそが織物に奥行きと重厚感を与え、唯一無二の作品を完成させるのだといえます。

63 発熱

新型コロナワクチンを接種した後、およそ二十年ぶりに熱を出して寝込みました。頭痛と倦怠感《けんたい》で布団から起き上がることができず、「このまま死ぬんじゃなかろうか」という思いすら頭をよぎります。死なないためにワクチンを接種しているというのに、まったくおかしな話です。

もうろうとした頭の中を駆け巡るのは、溜まっていく家事と仕事のこと。家族や周囲に迷惑がかかること。数日後に迫った法話原稿の締め切りのこと。気がかりなことは数多《あまた》あれども、中でも締め切りはよほど怖いと見えます。熱に浮かされながらも寝床にタブレットを持ち込み、原稿を書こうと試みました。

ところがご法話を考えようと思っても、焦りと不安ばかりが先立ち、仏さまの教えをよろこぶ気持ちはどこへやら。そのうちめまいまでしてきて、早々にギブアップしてしまいました。

ぼんやりと寝床から天井を見上げていると、『歎異抄』第九条での親鸞聖人とお弟子の唯円のやりとりが思い出されます。あるとき、唯円が親鸞聖人に何とも思い切った質問を投げかけるのです。

「念仏しても、躍り上がるようなよろこびの心がそれほど湧いてきませんし、また少しでも早く浄土に往生したいという心も起こってこないのは、どうしたことでしょうか」

これに対する親鸞聖人のお返事もまたビックリするものです。なんと、「この親鸞もなぜだろうかと思っていたのですが、唯円房よ、あなたも同じ心持ちだったのですね」とお答えになったのです。

聖人がおっしゃるには、躍り上がるほど大よろこびするはずのことがよろこべないのは煩悩のしわざである。そのような煩悩をそなえた凡夫だからこそ、アミダさまは大いなる慈悲の心で本願を起こされたのだと気づかされ、ますますたのもしく思われると。

そして聖人は、ご自分も少しでも病気をすると死んでしまうのではないかと不安になる。これも煩悩のなせるわざだと告白されています。

この聖人のお言葉は、私のように年々体調が不安定になりがちな中高年の心に深く響くものがあります。人間の気分は、肉体の状態に大きく影響されるものです。体調が良く気力体力が充実していればよろこびを感じやすいですが、反対に肉体に痛みや疲れを感じると気分が落ち込みます。そこへもって、「以前は元気だったのに」「死にたくない」「迷惑かけたくない」と、自らの煩悩が葛藤を生み、ますます気分は沈んでいきます。しかも、医師の見解では、ホルモンの変化や脳の病気、薬の副作用でも気分が不安定になるというのですから、とても自分のよろこびに責任が持てそうにありません。

アミダさまは、このように肉体を持ち、煩悩に翻弄《ほんろう》される私だからこそ、「必ず仏にするぞ」とよび続けておられるというのです。

体調が悪くてよろこべない私も、アミダさまのお慈悲の光に照らされている――そう聞かせていただくと、なんだか安心して寝込むことができます。

64

ネガティブ？

初めて親鸞聖人の著作を読ませていただいたとき、正直なんとネガティブな方だと思いました。『一念多念文意《いちねんたねんもんい》』には次の文章があります。

わたしども「凡夫《ぼんぶ》」の身《み》には無明煩悩《むみょうぼんのう》が満《み》ちみちており、欲望《よくぼう》も多《おお》く、怒《いか》りや腹立《はらだ》ち、そねみ・ねたみの心《こころ》ばかりが絶《た》え間《ま》なく起《おこ》り、まさに命《いのち》が終《おわ》ろうとするそのときまで、止《と》まることも消《き》えることも絶《た》えることもない

（『一念多念文意（現代語版）』三七頁趣意）

また『教行信証』「信巻《しんかん》」には、こんな記述も見られます。

悲《かな》しいことに、愚禿親鸞《ぐとくしんらん》は、愛欲《あいよく》の広《ひろ》い海《うみ》に沈《しず》み、名誉《めいよ》や利益《りやく》の深《ふか》い山《やま》に迷《まよ》って、仏《ほとけ》になることが定《さだ》まった仲間《なかま》に入《はい》っていることをよろこばない。真実《しんじつ》のさとりに近《ちか》づくことを楽《たの》しいとも思《おも》わない。恥《は》ずかしく、嘆《なげ》かわしいことである

（『顕浄土真実教行証文類（現代語版）』二六〇頁趣意）

極めつけは、『正像末和讃《しょうぞうまつわさん》』です。

悪《わる》い本性《ほんしょう》を抑《おさ》えることなどできるはずもない。その心《こころ》はまるで蛇《へび》や蝎《さそり》のようであり、たとえ善《よ》い行《おこな》いをしても、煩悩《ぼんのう》の毒《どく》がまじっている。だから、その行《おこな》いはいつわりの行《ぎょう》と呼《よ》ばれている。

（『三帖《さんじょう》和讃（現代語版）』一八三頁）

親鸞聖人のように真剣に仏道を歩んだ方がそこまで言わなくても……と思わず反論したくなります。

けれども、聖人のご生涯と著述に繰り返し触れていく中で、そのお心が少しずつ知られるようになりました。

聖人は二十年間、比叡山で勉学と修行に励みましたが、煩悩を克服することのできない自分自身に絶望されるのです。やがて二十九歳のとき、比叡山を下り吉水の法然聖人のもとを訪れます。そこで「どのような迷い深きもの、罪重きものも一人残らず救う」というアミダさまの誓いに出遇うのです。

深い絶望の淵で、自らを救おうとする大きなはたらきに出遇ったよろこび。聖人が自身を懺悔《さんげ》するとき、そこには必ず、この救われていくよろこびが存在するのです。

私たちが自分を卑下《ひげ》するときは、世間のモノサシで自分を誰かと比べています。自分を他人と比べ、あるいは過去の自分や理想の自分と比べて落ち込んでいるのです。けれども聖人は、世間のモノサシで自分を誰かと比べているのではありません。聖人はあくまで仏さまのモノサシで自身を見つめているのです。

例えば、雨や曇りの日に窓ガラスを見てもきれいに見えますが、さんさんと輝く太陽の光のもとでは、窓ガラスについた手あかや泥汚れがクッキリ浮かび上がります。

同じようにアミダさまの救いに出遇った者は、その智慧の光に照らされて自らの心の醜さ、弱さがはっきりと知らされるのです。アミダさまは、そんな私たちに対して「その汚れをきれいに落としてからおいで」とはおっしゃいません。「あなたの泥も埃《ほこり》もまるごと引き受けた。そのまま来いよ」とよんでくださいます。

聖人のお言葉には、アミダさまのお慈悲の光に照らされて湧き起こる「お恥ずかしい」「ありがたい」という心が同時に存在するのです。

65

カタログ

日々暑さが増す時期、私は寺院用通販カタログをめくりながら、夏用衣の新商品を入念にチェックしています。そして「通気性バツグン」「冷感仕様」「吸湿・速乾」という言葉を発見すると思わず飛びつきます。

この寺院用通販カタログ、お寺に住み始めた十八年前から愛読してきました。寺院向けに特化したカタログだけに、お坊さんが着る衣や下着、仏具、賽銭箱《さいせんばこ》など、およそお寺の境内で用いるものは何でも載っています。カートリッジ式の蠟燭や香炉《こうろ》の灰ふるい器など、かゆいところに手が届く商品あり。木魚やおみくじ箱、卒塔婆プリンターなど浄土真宗では用いないものあり。いずれも興味深く、毎号隅から隅までなめるように読んでいます。

中でも長年にわたって私を惹きつけて止まないのは、カタログに登場するモデルの方々です。僧衣や作務衣《さむえ》、半纏《はんてん》を着て颯爽《さっそう》とポーズをとる姿は凛《りん》としてかっこよく、どの商品も一層際立って見えます。毎号お顔を拝見していると妙に親しみがわき、実際に道でお会いしたら、思わず声をかけてしまうことでしょう。

それにつけても気になるのが、このモデルの方々は本当にお坊さんなのかということです。髪《かみ》を剃《そ》った方もいれば伸ばした方もいます。浄土真宗のお坊さんは剃髪を義務付けられていないので、髪の毛のあるなしでお坊さんかどうかは判断できません。

もし本当のお坊さんなら、お参りとモデル業でかなりお忙しいことだろう。そして間違いなく、宗派を超えて仏教界で最も顔を知られたお坊さんにちがいない。反対に、もし純粋なモデルさんでわざわざ剃髪しているのなら、他のモデルのお仕事でも坊主頭なのだろうか。そんなことをとりとめもなく考えてしまうのです。

ふと、自分はどうだろうかという問いが浮かびます。私は今、ロングヘアにワンピースといった格好でこの原稿を書いています。僧侶と名乗っていますが、傍《はた》からはとてもそうは見えないでしょう。

越後に流罪《るざい》となった親鸞聖人は、自ら「愚禿《ぐとく》」と名乗り、その生き方を「非僧非俗《ひそうひぞく》（僧侶でも俗人でもない)」と宣言されました。禿とは、一般人のように髪を結うこともせず、僧侶のように髪を剃ることもしない、ざんばら髪のことです。

かつて比叡山で修行をしていた頃の聖人は髪を剃り、戒律を守り、誰もが認める僧侶だったことでしょう。しかし内面は、煩悩の深い闇と格闘する日々でした。

一方、越後に流されてからの聖人は社会の枠組みから外れた、ぼさぼさ頭の罪人になってしまいました。もはや正式な僧侶ではないけれど(非僧)、法然聖人の導きによってアミダさまの広大なお慈悲に出遇い、内面には確固たる信心をいただいています(非俗)。

カタログをめくりながら、「その人が本当に仏道に生きているかどうかは、髪形や服装、肩書では決してわからないものだよ」と聖人に言われているような気がしました。

66 家庭生活

「セーフ！」

滑り込んできた選手の上で、審判の腕がまっすぐ横に伸ばされました。と同時に、攻撃チームの観客席からキャーッと歓声と拍手が沸き起こります。一方で相手チームの観客席はガックリと肩を落とします。

スポーツ観戦をするとき、どちらのチームにも身内がいなければ冷静にゲームを楽しめます。が、身内が出場するとなると話は別です。

私も、子どもがヒットを打ったり点を取ったりすると飛び上がってよろこびますが、反対にエラーや失点をすれば、我がことのようにショックを受け落ち込みます。

子どもが負けたときは、張り付いた笑顔で気の利《き》いた言葉を探しますが、大した言葉も見つからず、自分の無力さに打ちひしがれます。こんなにも苦しいなら、もう一生、子どもの試合を見るのをやめようと思うほどです。勝ったときは誇らしくうれしい気持ちでいっぱいですが、永遠に勝ち続けるわけはありません。素晴らしい勝利を経験した後は、かえって敗北が苦しくなります。まさしく勝つことも負けることも、等しく苦しみを生むのだと痛感させられます。

私たちは自分の人生の舵《かじ》取りだけでも大変なのに、子どもを持つと、子どもの人生にも一喜一憂しなければなりません。

お釈迦さまは出家する前、ご自分の子どもに「ラーフラ」と名付けられました。この名前は、お釈迦さまが我が子の誕生を知って、「障《さわ》り（ラーフラ）が生まれた」と言われたお話に由来します。

初めは、とんでもないお名前を子どもにつけられたものだと思いました。けれども、さとりを求めて出家しようとするお釈迦さまにとって、子どもの誕生はまさに心をかき乱し、自らを俗世に押しとどめようとする存在、つまりさとりの妨げだったのです。

親は子どもを愛おしく思うがゆえに、子どもの数だけ人生の苦しみを背負わなければなりません。生老病死《しょうろうびょうし》をはじめとした子どもの人生の苦しみは、ときとして自身の苦悩より重く感じられます。

お釈迦さまは、すべての人々をこうした生老病死の苦しみから救うために、家族を置いて出家され、苦行《くぎょう》の生活に入られました。

反対に、親鸞聖人は二十年間の修行と出家生活を捨てて比叡山を下りられました。そしてお念仏の教えに出遇った後は、公《おおやけ》に結婚して家庭を持たれました。

修行と戒律を捨てて家庭を持つことは、あたかも易しく快適な生活であるかのように思われるかもしれません。しかし、世間のしがらみと愛憎《あいぞう》に絡み取られながら仏道を歩むというのは、山の中で修行をするのとはまた異なる険しい道のりです。

けれども、私のように家庭生活を送り煩悩に振り回される凡夫をこそ「必ず救う」とアミダさまは誓われました。聖人はご自分の人生において自ら世俗の生活を送りながら、アミダさまに救われる道を確かめていかれたのです。

67

お念仏一つ

仏さまの教えをわかりやすく説き聞かせることをご法話といい、お坊さんにとっては大切なお仕事の一つです。

けれども、実は私、こうして喜々《きき》として文章を書いているものの、話すほうはめっぽう苦手です。人前に出ると緊張して何を話してよいのやらわからなくなります。しかもお坊さんとして、目の前の方々に語って聞かせるのは仏さまの教えです。間違った教えを説いて、人々を迷わす僧侶の罪は極めて重いのです。

幸い、お坊さんになってからは浄土真宗の念仏者というよい聞き手に恵まれてきたことと、本人がおばさん化して面の皮が厚くなったことにより、今ではずいぶんと落ち着いてご法話ができるようになりました。

しかし、今から十六年前、お坊さんとして初めてご法話をすることになったときは、前日から滑稽なほどに取り乱したのをよく覚えています。

「間違ったことを言ったらどうしよう。頭が真っ白になったらどうしよう。大失敗したら、どうしよう」

パニックになっておろおろ泣き言を訴える私に、家族はこんな言葉を投げかけました。

「間違ってもいい。大失敗してもいい。ただこれだけは忘れないように。ナモアミダブツ。お念仏しておいで」

この言葉に後押しされて、翌日なんとかご法話をすることができました。

確かに、私が朝から夕方まであれやこれや言葉を尽くして語ったとしても、結局浄土真宗の教えの要《かなめ》はナモアミダブツのお念仏一つなのです。『歎異抄』の中で親鸞聖人はおっしゃいます。


わたしどもはあらゆる煩悩《ぼんのう》をそなえた凡夫《ぼんぶ》であり、この世《よ》は燃《も》えさかる家《いえ》のようにたちまちに移《うつ》り変《かわ》る世界《せかい》であって、すべてはむなしくいつわりで、真実《しんじつ》といえるものは何一《なにひと》つない。その中《なか》にあって、ただ念仏《ねんぶつ》だけが真実《しんじつ》な

のである

（『歎異抄（現代語版）』五〇頁）

私自身は、常に真実を語りたいと思っています。しかし私は、身も心も刻一刻と移り変わる存在です。一瞬浄らかな心を起こしても、次の瞬間には煩悩の炎で焼かれていま す。心の中には「よく思われたい。失敗したくない」という邪念が渦巻いています。このようなものは、到底真実とは呼べません。

そんな嘘いつわりばかりの私ですが、私の口から発せられるお念仏だけは尊い真実の言葉なのです。なぜならそれは、さとりの世界から永遠に変わることなく私たちにはたらきかけるアミダさまのよび声だからです。

私たちが住むこの世界は、圧倒的な現実感をもって私たちに迫ってきます。だから、私たちは、それが嘘いつわりとは気づくことができず、それぞれの煩悩が作り出した虚《きょ》構《こう》のドラマにはまって苦しんでいます。

そんな私たちに、アミダさまはお念仏の声となってよびかけます。「必ず助ける。われにまかせよ」と。迷いの世界で格闘する私たちを真実の世界へと絶えずよびさますはたらき、それがナモアミダブツのお念仏なのです。

◆あとがき

この度、月刊誌「大乗」に連載してきたエッセーを書籍という形で世に送り出すことになりました。思えば六年前、出版社の方からいただいた一本の電話が始まりでした。

「『大乗』にコラムを書いてみませんか」

そうおっしゃった方は当初、時事や世相に関するコラムを想定していらしたようです。しかし当時の私は、日々の家事と育児と法務をこなすので精一杯。その日のニュースは1週間後に人づてに知るような有り様でした。とても時事や世相について鋭い意見を述べるなんてことはできません。

ただ、私の中にただ一つ「これだけは伝えたい」という強い思いがありました。それは、広島で出遇った念仏おじいちゃん、おばあちゃんの存在です。どの方も、いわゆる富や名声といったものとは無縁の普通のおじいちゃん、おばあちゃん。年相応に足腰の痛みや病気を抱えながら、ほそぼそと年金で暮らしています。でも、毎日手を合わせお念仏し、仏さまのお慈悲をよろこんでいらっしゃいます。

彼らは私に、老いて病を得てなおよろこべる世界があることを教えてくれました。それまで私がよろこびだと思っていたことと言えば、地位や名誉や財産、靴やバッグや旅行、健康や家族や恋愛……。そうした世間のよろこびは、手に入れば入ったで、うれしいものだけれど、次の瞬間にはシャボン玉のようにはかなく消えてしまいます。そうした、時とともに移り変わり空しく消えてしまうよろこびとは異なる、深く永く続くよろこびがあるのだと知りました。ご高齢の念仏者がお一人またお一人とご往生されていく中、彼らから放たれていたありがたいお念仏の香りを何とか残したい、伝えたいと思い、連載をお引き受けしました。

そして、何気ない日常の中で感じられる仏さまの教えをエッセーという形で綴るようになりました。私たちの人生は、ご飯を食べたり、歯を磨いたり、書類を整理したり……、そんな日々の小さな行いの積み重ねで出来ています。エッセーの中では、誰もが経験するであろう日常の一コマを切り取り、私のかっこ悪い姿を包み隠さず書いています。「こんなダメな人もアミダさまに願われている」と知り、皆様のもとにも届いている大きな、大きな仏さまのはたらきを感じていただければと思います。

今、リビングのパソコンの前でこの文章を書いています。時に落ち込み、時に何もやる気が起きないまま座ることがありました。けれども、この同じ場所で多くの読者とつながり、その方々に支えられ励まされて書き続けることができました。「エッセー読んでいますよ」とおっしゃる方は皆さん、私よりよほどありがたい方ばかり。私自身は、いつまで経っても欲張りで怒りんぼのどうしようもない人間ですが、そんな私が書いたものをよろこんでいただけるとしたら、それは仏さまのおはたらきというより他ありません。

最後に、私のエッセーを世に送り出してくださった編集者の皆様、み教えに照らして細やかなアドバイスをくださったお坊さん方、的確なコメントをくれた家族、そしてこの本を読んでくださった読者の皆様に心より感謝申し上げます。ありがとうございました。

二〇二三年四月

本書は『大乗』二〇一七（平成二十九）年四月号～二〇二二（令和四）年十月号の連載に、加筆・修正したものです。

〈著者紹介〉釈《しゃく》 純蓮《じゅんれん》

神奈川県生まれ。東京大学文学部を卒業後、東京の大手シンクタンクに勤務。在職中に渡仏しMBA修了。

退職後、中央仏教学院を卒業し、現在、広島県の浄土真宗本願寺派のお寺で僧侶・坊守として法務に励む一方、妻・二児の母として奮闘中。

2020年より「仏教こども新聞」(少年連盟発行)編集委員長。

2017年から月刊誌「大乗」(本願寺出版社発行)に「結婚して お坊さんになりました」を連載中。

結婚して お坊さんになりました

2023(令和5)年6月1日　第1刷発行

著　者　釈 純蓮
発　行　本願寺出版社
〒600-8501　京都下京区堀川通花屋町下ル
浄土真宗本願寺派(西本願寺)
TEL 075-371-4171　FAX 075-341-7753
https://hongwanji-shuppan.com/
装丁・本文デザイン　村田 沙奈(株式会社ワード)
印　刷　大村印刷株式会社

定価はカバーに表示してあります

MO02-SH1-①60-32　ISBN978-4-86696-045-6